なぜ眠り姫は海で目覚めるのか？

超《スーパー》ネガティブ思考《マインド》を解除する3つのメソッド

白鳥澄江
心理カウンセラー・乙姫プロジェクト主宰

みらいPUBLISHING

目次

序章

まだ海の力を知らない眠り姫

第1章

うまくいかない人生は「魔女の呪い」のせいだった

第2章

魔女の呪いが解けると新しい扉が開く

第3章

自分の中のヒーローズジャーニーを呼び起こそう

～魔女の呪いを解除する方法Ⅰ～

第5章 身体感覚こそが心の変化の最大の鍵

～魔女の呪いを解除する方法Ⅲ～

第6章

実践！　呪いを解除する7日間レッスン

～魔女の呪いを解除するⅣ～

第7章

「夢見る力」で人生はアップデートできる！

序章

まだ海の力を知らない眠り姫

★はじまりは海との偶然の出会いだった

――おいでよ。

（……え？）

最初にそれを見たとき、確かにそう聞こえたのです。

まるでささやくような、それでいて遠い海の彼方から呼びかけてくるような不思議な響きを持った声でした。

私は吸い寄せられるように、ホテルのロビーの壁一面に貼られたそのポスターを見つめました。コバルトブルーの海の中に石でできた遺跡らしきものがありました。

ポスターには大きな文字で『与那国島海底遺跡』と書いてあります。

なんという海の青さだろう。

私は実際に潜って、自分の身体でその青さを感じてみたいと思いました。

これがきっかけで、私は時間があると海に潜りに行くようになりました。

それが未来への恐怖の根源にある「魔女の呪い」を一瞬で解除して、自分の可能性を開花させる、まったく新しい方法を見つける大きなヒントになるなんて、そのときは想像もしていませんでした。

★ウルトラマンと魔女の呪い

私がはじめて「魔女の呪い」という言葉を知ったのは、心理カウンセラーとしてまだ駆け出しの頃でした。その日は交流分析のクラスでしたが、前日の夜更かしがたたって、うとうとしかけたときに、その言葉が耳に飛び込んできたのです。

魔女の呪い？　私は思わず顔を上げました。

魔女の呪いは、交流分析という心理学で使われる専門用語のひとつです。

「私たちは誰もが幼い頃に無意識に刷り込まれた『魔女の呪い』と呼ばれる世界観に支配されている」という理論は衝撃でした。

けれど、子どもの頃を振り返ると思い当たることがいくつかあります。まだ私が、幼稚園に上がったばかりの頃です。当時、『ウルトラマン』が人気で、子どもにとって主題歌のレコードは宝物でした。

私は毎日、それこそレコードが擦り切れるまで聴いていました。ある日、寝る時間になっても布団に入らない私を見て、とうとう父親が怒ってレコードを真っ二つに割ってしまいました。

そのとき、すごく悲しくて、わんわん泣いたのを覚えています。でも心のどこかでそうなることを知っていました。「幸せな時間は長く続かない。だってウルトラマンは3分しかいられないから」と思っていたのです。

もっと突き詰めると、子どもだった私は「自分は幸せになれない」という世界観を持っていたのです。

この思い込みが私の魔女の呪いでした。

実は**魔女の呪いは10種類以上あるのですが、その中でも最上位に位置し、究極の拘束力を持つのが「存在するな」という思い込み**です。

「存在するな」とは文字通り「生きるな」という意味なので、幼い子どもにとって致命的な破壊力を持っています。

これが発動すると、私たちは生きる力を失います。

そこで「存在するな」を発動させないために、幼い私たちは新たな呪いを受け入れたのです。

★眠り姫の憂鬱

突然ですが、『眠り姫』の童話をご存知でしょうか？

ざっくりとあらすじをご紹介しましょう。

ある国にお姫様が生まれたので、喜んだ王様は祝いの席に12人の魔女を招待します。魔女たちが順番にお姫様に祝福を与えていると、そこに招待されなかった13番目の魔女が現れます。

魔女はまっすぐにお姫様が寝ているゆりかごのところへ行くと、恐ろしい呪いをかけます。

「姫が15歳になったら、ツムで指を刺して死ぬだろう」

王様とお妃様が嘆き悲しんでいると、まだ祝福を与えていなかった最後の魔女がこう言ったのです。

「私には呪いを解くことはできません。けれど姫は死なない代わりに、15歳になったら百年の眠りにつくでしょう」

15歳になったお姫様は予言通りツムで指を刺して眠りにつきます。やがて百年の月日が経ち、王子様のキスで眠り姫は目を覚ましました。


幼い私たちが「存在するな」を発動させないために受け入れた新たな呪いと、眠り姫に出てくる最後の魔女の呪いは構造が同じです。

「ツムで指を刺して死ぬだろう」という呪いは交流分析の「存在するな」にあたり、「15歳になったら眠る」という新たな呪いを受け入れることで眠り姫は死を回避します。

つまり、眠り姫は「眠っているなら、存在してもいい」という新たな魔女の呪いをインストールされたわけです。

先ほどの私の例で説明するなら、**「存在するな」を回避する代わりに「自分は幸せ**

になれない」という魔女の呪いがインストールされていたわけです。

こうすることで精神的な安心感は失いますが、死という最悪の事態を避けることができます。

もしも私が「自分は幸せになれない」という魔女の呪いを解除しようとすると、普段は無意識の奥深くに隠れている「存在するな」が浮上してきて、恐怖や不安に襲われます。

こういったことは、もちろん**すべて無意識レベルで起きていることなので、私たちはなかなか自分の中の魔女の呪いに気がつきません。ましてや「存在するな」となると、まったく気がつかない人がほとんど**です。

ここまで読んで、もしかするとあなたは、

「『存在するな』という思い込みを持っているのはごく一部の人でしょ？　自分にはまったく思い当たらない」

と思っているかもしれません。

ですが実は、誰もが「存在するな」という魔女の呪いをインストールされているのです。おまけにほとんどの人は「存在するな」と一緒に、最低でも2～3個の魔女の呪いを持っています。

例えば、「成功しなければ存在していい」「成長しなければ存在していい」「いい子でいるなら存在していい」など、人それぞれ環境に応じてさまざまな魔女の呪いを持っています。私たちの多くは、魔女の呪いとそこから発生する原始的な恐怖に縛られて、自分自身の人生を生きることができないでいるのです。

その姿は、城という鳥かごに閉じ込められたまま生きる眠り姫そのものです。

ここまでお話したことを整理すると、ポイントは3つ。

・魔女の呪いは私たちが個性を発揮したり、自分らしく生きるのを妨げる
・誰もが魔女の呪いと呼ばれる思い込みを持っている
・中でも「存在するな」という魔女の呪いは最上位に位置し、究極の破壊力を持つ

ではここで、自分がいま現在、どのくらい魔女の呪いの影響を受けているのか、簡単なチェックをしてみましょう。

★魔女の呪いの影響をチェックしよう（眠り姫度チェックリスト）

「眠り姫度チェックリスト」は、魔女の呪いがどのくらいあなたの人生に影響を及ぼしているのかを測る簡単なチェックリストです。

チェックにかかる時間は5分程度です。

文章を読んで「当てはまると思ったら2点」「どちらともいえないと思ったら1点」「まったく当てはまらないと思ったら0点」という風に点数をつけていって、最後に集計するだけです。

作業にとりかかる上で大事なポイントが3つあります。

・**過去ではなく、現在の自分に当てはまるか、当てはまらないかで答える**

・**あまり深く考えない**

・**結果はあくまで現在の自分の眠り姫度であって、それ以上のものではない**

チェックの結果はあなたの現状を反映しているに過ぎないので、3ヶ月後にもう一度やってみると結果が変わっていることもよくあります。

では、さっそく取りかかってみましょう。

★現在のあなたの「眠り姫度」をチェックしましょう！

文章を読みながら「当てはまる＝2点」「どちらともいえない＝1点」「まったく当てはまらない＝0点」で点数をつけ、あなたの「眠り姫度」をチェックしてみましょう。

A.（合計点　　点）

□ 1. 自分の思い通りに事が運ばないとイライラしたり、誰かを責めたい気持ちになる。

□ 2. 人に仕事を任せることが苦手。任せると、じれったくなってしまう。

□ 3. 周囲からの好意を素直に受け取ることができない。

□ 4. 日頃からちょっとしたことで、周囲に対して、つい攻撃的な口調になりやすい。

□ 5. 職場や近しい人間環境も含めて、「尊敬されたい願望」が強い。

□ 6. 恋人や夫（妻）などの親しい相手と意見が対立したとき、相手の意見に耳を貸さない。

□ 7. 自分と違う意見があると、排除しようとする傾向にある。
□ 8. 「誰も私の気持ちなんてわかってくれない」と思っている。
□ 9. 「世の中はつまらない」と思っている。
□ 10. 自分の興味のある分野（仕事、趣味、恋愛、名誉など）で自分より成功している人を見ると不愉快になる。

B．（合計点　　点）

□ 1. 熱があったり体調が悪くても、任された仕事をやらなければと思うと、がんばって出社することが多い。
□ 2. 納得できなくても、ルールや社会常識は守らないといけないと思っている。
□ 3. 自分の意見に自信がなく、上司や先輩など、目上の人に従ったほうがいいと思っている。
□ 4. 自分を犠牲にしてでも、友人や同僚などの周囲の人に尽くしてしまう。
□ 5. AとBのどちらかを選択しなければならないときに、なかなか決められない。
□ 6. 人間関係に波風を立てるくらいなら、自分が我慢してしまう。

□ 7. 周囲から「いい人」だと思われたい。

□ 8. 友人と楽しくおしゃべりして帰宅してから、会話の内容を思い出して後悔することがよくある。

□ 9. 嫌なことがあっても、「嫌だ」と言うことができない。

□ 10. いつも場の空気を壊さないように気配りをしている。

□ 11. やりたいことをやってイキイキしている人が羨ましいけど、自分から一歩踏み出すのは怖い。

□ 12. いろいろな場面で「どうせ自分には無理だ」と思ってあきらめてしまうことが多い。

□ 13. 仕事でも恋愛でも人生全般でも、失敗することがすごく怖い。

□ 14. 自信のある人がいると、何となく気後れしてしまう。

□ 15. 「人の役に立たない自分には価値がない」と思っている。

□ 16. 自分一人で判断して行動に移すことが苦手。

□ 17. 自己主張するより、周囲に合わせるほうが楽だ。

□ 18. 将来や未来について考えると不安になってしまう。

□ 19. 「このまま年をとっていくんだ」と考えると不安になる。少なくとも、あまり楽しい未来は描けない。

□ 20. 劣等感が強く、劣等感を刺激するような成功者や輝いている人に対して内心嫉妬する自分がいる。

C.（合計点　　点）

□ 1. 職場の同僚の意見に耳を傾けながら、丁寧に話し合いを重ねて仕事を進めるタイプだ。

□ 2. 恋人や夫（妻）との間で問題が起きたときは、お互いに心を開き、解決に向けた率直な話し合いをする。

□ 3. 急ぎの仕事を頼まれたときでも、気持ちにゆとりを持って誠実に仕事を仕上げる。

□ 4. 『職場の会議で意見が大きく割れ、紛糾した』。自分の意見を主張しつつ、反対意見も丁寧に聞いて、ゴールを共有した上で適切な判断をする。

□ 5. 仕事で大きなミスをしてしまっても、「起きたことは起きたこと」と真摯に受け止め、くよくよ悩まずリカバリーのために最善を尽くすことに集中する。

□ 6. チャレンジすることが楽しい。

□ 7. 割と「喜怒哀楽」を表現するほうである。

□ 8. プライベートな場面で、自分の気持ちも相手の気持ちも両方大事にするので、自己主張もできるし、相手を優先することもできる。

□ 9. 「生きていればいろいろあるけど、やっぱり人生は面白い」と感じることが多い。

□ 10. 現在、心が満たされていて、生きていることが楽しい。

集計（それぞれの総合点）

A：合計点　×2＝　点

B：合計点　×1＝　点

C：合計点　×2＝　点

総合点の点数の中で最も高かったものが、あなたのタイプです。

ABCそれぞれのタイプの解説を読んでみましょう。

Aタイプ

点数が高ければ高いほど「眠り姫度」が高いです。

あなたはもともと大きなエネルギーを持ったタイプの人です。人生を積極的に切り拓くためにそのエネルギーを使うことができれば、精神的にも安定して、望んだ結果を叩き出せる人です。その反面、実力が伴わない場合は、理想と現実とのギャップで葛藤することも多いのではないでしょうか。

周囲の目を気にする日本人の集団の中では浮きやすく、あなたが自分を出そうとすると、親をはじめとした周囲の人がストップをかけてくることもあったかもしれません。結果、本来のあなたの能力を磨き上げるために必要な環境を整えられなかったり、いくら結果を出しても心から満足できないストレスフルな精神状態になりやすかったかもしれません。

あなたに必要なのは、しっかりと目を覚まして眠り姫を返上することです。そして、自分の状態を客観的に観るための視点を育てること。どんな自分にもＯＫを出すことです。目を覚ましさえすれば、行動的なあなたは自分から必要な知識やスキルを手に入れようとするので、本当に望んでいた人生を手に入れられるようになるでしょう。

B タイプ

点数が高ければ高いほど「眠り姫度」が高いです。

あなたはとても優しく、あまり敵を作らない人です。そのため、比較的穏やかな日々を送っているのですが、実は本来持っている自分自身の個性や魅力にまったく気づいていない側面があります。もしくは、自分自身を過小評価してしまっています。

他者の長所を素直に称賛したり、相手の気持ちを思いやることができるのは、あなたの大きな長所です。ただ、比重が「相手・周囲・社会＞自分」になりやすいので、自分の人生を生きることを疎かにしがちな傾向にあるのです。そうなると、あなたが持つ個性や能力を発揮できないことになり、あなた自身にとっても不本意な人生を生きることになりますし、社会にとっても大きな損失になります。

「能ある鷹は爪を隠す」と言いますが、たまには爪を使わないと、いざというときに錆びついていて使えないことにもなりかねません。それはとてももったいないこと。魔女の呪いを解除して、自分で自分を信頼する力を育てましょう。すると、あなたの美点である優しさや協調性を兼ね備えたまま、今より自分らしい人生を生きられるようになるでしょう。

Cタイプ

点数が高ければ高いほど「眠り姫度」が低く、目が覚めています。

あなたは「長所と短所が混ざり合って自分という人間が作られていること」をよく知っています。ありのままの自分を全面的に受け入れて生きているので、ストレスもあまり感じません。問題が起きたら解決すればいいし、それで自分の価値は1ミリも減らないことをよくわかっています。

そんなあなたにとって、本書は自分のこれまでの人生を振り返り、さらに未来に思いを馳せたときに「自分が現在どの地点にいるのか」を知ることに役立つでしょう。

私たちは日々成長する生き物です。心のしくみや魔女の呪いの本質を知っておくことは、あなた自身がより進化・成長するための参考になるはずです。さらに、あなたから見れば「非論理的で感情に振り回されているとしか思えない人たち」の行動原理を知ることで、彼らを理解でき、より快適なコミュニケーションの糸口が見つかる可能性があります。

いかがでしたか？

眠り姫度チェックリストのAとBの項目は魔女の呪いの影響力が強い状態です。

何度も書きますが、**魔女の呪いは私たちが自分らしく生きるのを邪魔して、本当の自分を鳥かごの中に閉じ込めます。ある意味で真の自分を生きていないわけですから、自信が持てなかったり、人生が望んだ状態と違うのはあたり前**なのです。

そして、それはあなたのせいではありません。幼かったあなたには、魔女の呪いに抗う術などなかったのですから。

でも、大人になったいまなら魔女の呪いを解除することができます。

★「存在するな」を解除するとあなたの人生はこう変わる

この本のミッションは、魔女の呪いの中でも一番大きな影響力を持つ「存在するな」を解除する方法をお伝えすることです。ここさえ押さえてしまえば、これ以外の魔女の呪いを解除するのは比較的簡単です。そして、そのための3つのメソッドが、本文内でお伝えしていく「ヒーローズジャーニーの知識」「心と身体と呼吸の自宅レッスン」「海でのアウトドアレッスン」です。

「存在するな」を解除すると世界観が変わります。

恐怖を前提とした世界観から愛と喜びを前提としたものに変わるので、安心して自分の個性や能力を発揮して生きることができるようになります。

あなた自身の柔軟さと自由度が増すので、人生が望んだ方向に向かって動きはじめます。ちなみに、魔女の呪いが解除された状態が眠り姫度チェックリストのＣの項目です。

さらに、「存在するな」を解除すると、具体的に次のような変化が起きます。

- **精神的な安心感が手に入る**
- **静かな自信が湧いてくる**
- **人間関係がスムーズになる**
- **仕事もプライベートも望んでいた状況が実現する**
- **人生のミッションに沿って生きているのを実感する**
- **自分の意見を気負わずに言えるようになる**
- **気軽にチャレンジできるようになる**

・自分らしく生きることができるようになる
・自分の気持ちを素直に表現できるようになる

また、次のような変化が起きた人もいます。

・恐怖の取り扱い方がわかるようになって、生きづらさが減った
・億単位の負債からV字回復した
・職場で部下にイライラしなくなり、適切な対応がとれるようになった
・望んでいた成功を手に入れた

子どもの頃、ウルトラマンは3分経ったらいなくなってしまうと思っていました。

けれど、自分の中にインストールされた魔女の呪いを解除したいまはこう思います。

「何があっても大丈夫。ウルトラマンはいつも私の中にいる」

この本を手にとってくださったあなたが鳥かごから飛び出して、本当のあなた自身の人生を手に入れることができるよう、次章からエピソードを交えながら、魔女の呪いの仕組みと「存在するな」の解除方法をお話ししていきましょう。

第1章

うまくいかない人生は「魔女の呪い」のせいだった

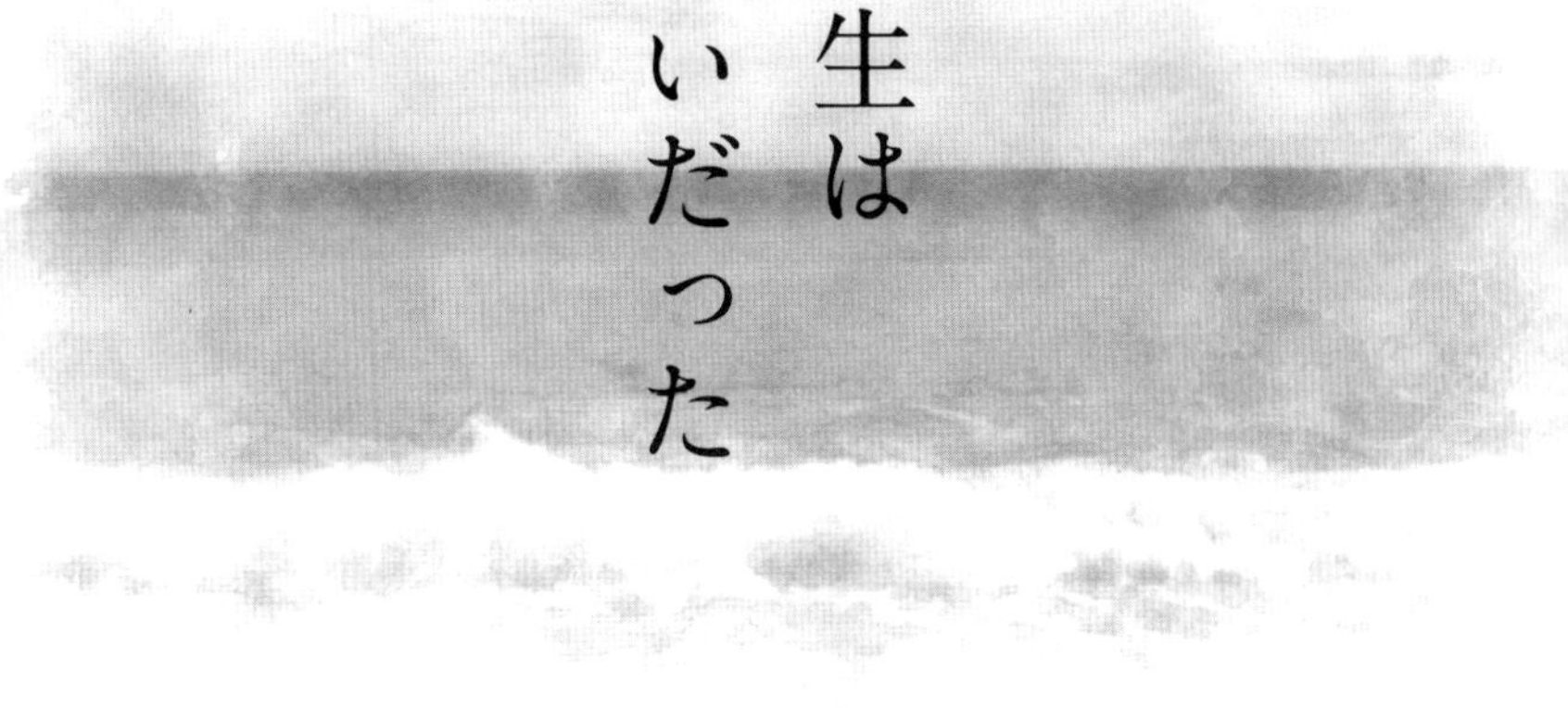

生きる意味と魔女の呪い

「人は何のために生きるのか?」という問いは古今東西、多くの文学者や哲学者が取り組んできた普遍的なテーマのひとつです。

身近なところでは、アンパンマンや乃木坂46も「何のために生きるのか」と歌っていますし、吉野源三郎氏の『君たちはどう生きるか』が大ヒットしたのは記憶に新しいと思います。

私が10代から20代前半を過ごしたのは高度成長期からバブルの絶頂期にかけてでした。明日はもっと良くなる、この繁栄は永遠に続く――社会全体が無邪気にそう信じていた時代です。

けれど、時代が大きく変わろうとしているいま、誰もが心の片隅で未来に対する不安を感じています。そんな時代だからこそ、「人は何のために生きるのか?」という問いが共感を呼ぶのかもしれません。

私自身のことを話すと、私が生きる意味を考えるようになったのは中学校に上がった頃からでした。

直接のきっかけは病気でした。

小学4年生の秋祭りの夜に高熱を出して、それがきっかけで重い腎臓病にかかってしまったのです。当時は腎臓病の完治は難しく、決め手となる治療法も確立されていませんでした。そのため、それ以上悪化させないように投薬と安静にするしかなかったのです。

私は中学生になっても、入退院を繰り返しながら闘病生活を送っていました。

体育の授業はいつも見学。遠足や修学旅行にも参加することができず、体育祭は本部テントの特別席。普通の人が当たり前にできることが、私にはできなかったのです。

生きることの困難さを感じながらも、私の中にはずっと憧れている職業がありました。

青年海外協力隊です。

きっかけは1枚の写真でした。

どこまでも続く赤茶けた砂漠と真っ青な空の下で、一人の若者がシャベルを持って立っている写真でした。井戸を掘る青年海外協力隊というタイトルが添えられていました。

「青年海外協力隊？」

中学生の私には、はじめて聞く名前でしたが、おそらく中東と思われる砂漠地帯の強烈さと仕事が結びついた瞬間でした。

「私も砂漠で井戸を掘りたい！」

そのとき、そう思ったのです。

強烈な太陽の下で働く姿がめちゃめちゃカッコよくて、生命力にあふれていたせいかもしれません。

ところが、いろいろと調べていくうちに、健康じゃないと参加できないことがわかりました。過酷な環境での作業なので考えてみれば当たり前なのですが、それを知ったときはショックでした。

自分は夢を見ることすら許されないのか、と思いました。

現在にも未来にも希望がない。どうせ願いは叶わないし、幸せになんかなれっこない。こんな身体じゃ就職もできないし、やりたいこともできない。こんな自分には何の価値もない。

「自分は何のために生きているんだろう？」

当時の私はたくさんの魔女の呪いを抱えながら、どうすることもできなかったのです。

人生を変えたたった14文字のフレーズ

そんなある日、買ったばかりの雑誌に載っていた吉田拓郎の『灰色の世界Ⅰ』という曲の歌詞を眺めていたときのことです。こんな一節が目に飛び込んできました。

「自分の白い未来を灰色にかえる」

衝撃でした。

もしかしたら私はいままで自分で自分の人生を不幸だと決めつけて、未来の可能性を自らの手で閉ざしてきたのではないか？

何というか、目が覚めたというか、恥じ入りました。

そして、決めたのです。

未来がどうなるかなんて誰にもわからない。病気が悪化して死んでしまうかもしれないし、１００歳まで生きるかもしれない。そんな不確実な未来に焦点をあてるのはもうやめよう。太く短く、今日一日を精いっぱい生きよう、と。

その日から生き方が変わりました。

目に映る世界は相変わらず灰色でしたが、生きているという実感を取り戻しはじめたのです。

つらい毎日の中で目標を決めました。

「砂漠で井戸を掘る」という目標は途方もなく遠すぎて挫折しそうなので、もっと短期の目標を設定しました。

それはオートバイの免許を取ること。

父親がオートバイ乗りだったので、小さな頃はよく後ろに乗せてもらいました。私は5歳くらいまで北海道に住んでいたのですが、父親の後ろに乗って原野を走っていると、風と一緒にどこまでも行けるような気がしました。

だから、私が自分でオートバイを運転したいと思うようになったのはごく自然な流れでした。

「16歳になったら免許を取る」

私がそう宣言すると、両親はあっさりOKを出してくれました。

すべては順調に動きはじめたかのように見えました。


待ちに待った16歳の誕生日。

「明日、自動車教習所に申し込みに行ってくる」

私がそう言うと、父の顔がみるみる不機嫌になりました。

「バイクを起こせたら、免許をとってもいいぞ」

え？　２年前は無条件でＯＫだと言っていたのに。私は父の変化に戸惑いながらも、父のあとをついてバイク置き場に行きました。

父は無言で２５０ccのオートバイを地面に横倒しにすると、起こしてみろと言いました。私は内心ドキドキしながらオートバイのハンドルを握りました。腰を入れて起こすと車体は難なく持ち上がりました。ちらっと父の顔を見ると、思いきり渋い表情をしています。

内心、「やった！」と思っていると、父はさらにタイヤが完全に宙に浮いた状態になるまでオートバイを倒しました。大事故でも起こさない限り、そんな形でオートバイが倒れることはまずありません。

このとき私はやっと父の真意に気がつきました。父は私にオートバイの免許を取らせたくなかったのです。

私はハンドルを持って、必死でオートバイを起こそうとしました。でもどんなにがんばっても、２００キロ近い車体はびくともしません。

悔しくて涙が出ました。

父はその様子をじっと見ていましたが、「ダメだな」と、ひとこと言い捨てると部屋に戻っていきました。

神秘体験は出会いがしらの事故？

16歳の誕生日の一件で、どんなに心の持ち方を変えても、変えられないことがあるという現実を突きつけられた私は、拓けたと思っていた道が突然閉ざされたような気がしました。あんなにがんばってきたのにやっぱり願いは叶わないのかと思うと、自分の力のなさが情けなくなりました。

精神的にギリギリまで追い詰められたときに突然目の前に現れたのは、死ぬか、生きるか、という選択肢でした。かっこいい言い方をするなら、死なない代わりにいろんなことをあきらめて〝かごの鳥〟として生きるか、死ぬかもしれないけど全力で運命と戦うか、という二択です。

「小さな目標を決めて達成していく」というのが現実を変える王道ですが、そのやり方では太刀打ちできないほどシビアな現実に直面したとき、人はどんな行動をとるでしょう？

私が選んだのは、夢を捨てることでした。

その代わり、いまの自分にできることで、やりたいことは全部やろうと決めたのです。どんなに逆境だろうと、それでも私が生きているという事実だけは誰にも否定できない。それがすべてだと思ったのです。命の根幹から湧き上がる誇りというか、生命力のようなものがそのときの私を支えていました。

健康状態も、この頃から薄皮を剥ぐように少しずつ回復しはじめました。

高校卒業後、都内の医療技術の専門学校に通うようになって生活がずいぶん変わりました。

19歳のとき、生まれてはじめて神秘体験をしました。腎生検のために手術室のベッドで横になっていたときのことです。

腎生検とは、太い注射針を直接腎臓に刺して腎臓の細胞を抜き取り、その状態を調べる検査のことです。9歳で病気になって以来、2〜3年に1回くらいの割合で腎生検を受けていました。もちろん部分麻酔をするのですが、それでも採取時は強い痛みを伴います。

私は痛みに対する恐怖から逃れたくて必死に祈りました。せめてこの痛みだけでもなくなりますように、助けてください、と。

その瞬間、不意に体がふわっと浮いて、手術室全体が金色の強烈な光に包まれました。深い安心感とともに、「治った！」と思いました。しかし次の瞬間、光は消えて「じゃあ麻酔するよ。ちょっとチクっとするからね」というドクターの声が聞こえてきました。

もちろん、実際には手術室が光に包まれたりはしなかっただろうし、ドクターたちもいつも通り麻酔の準備をしていたはずです。けれど私にとって、その体験はリアルな実感を伴っていたのです。

検査は滞りなく終わりました。

不思議なことに、麻酔の痛みも採取の痛みもまったく感じませんでした。

２週間後、検査結果が出ました。

それまでは腎細胞の３分の２が炎症を起こしている検査結果が何年も続いていました。ところがそのときは炎症が綺麗に治まっていて、さらに正常な細胞が増えているという結果が出たのです。

「おかしいなあ……」

主治医は検査結果を眺めながら首をかしげていました。

気持ちが変わったせいなのか、長期間飲んでいた薬の効果だったのか、神秘体験のせいなのか、正確なところは誰にもわかりません。

ただそのときを境に、私は急速に健康を取り戻しました。専門学校卒業後は臨床検査技師として医療検査センターに就職して、念願だったオートバイの免許を取りました。

けれど、この神秘体験がきっかけで、さらなる迷宮に迷い込むはめになったのです。

「成功してはならない」という思い込み

出会いがしらの事故がその後の人生を変えることはよくあります。

私にとって、光との遭遇はまさに出会いがしらの事故でした。

幼い頃から私は夜の闇が怖くて、目に見えない神さまや精霊に「今夜も守ってください」と祈らないと安心して眠ることができない子どもでした。

もちろん、クリスマスにはケーキを食べて、大晦日には除夜の鐘を突いて、お正月には初詣に行く、ごく一般的な家庭に育ったので特別に信仰している宗教があったわけではありません。

ただ幼い私は妖精や妖怪の存在を信じるのと同じレベルで、神さまはすぐ傍にいて、守ってくれる存在だと信じていたのです。いえ、正確にいうと信じたかったのだと思います。信じたかったくらいですから、実際には信じることができなかったのです。

私が求めていたのは、この世界には希望があるのだと無条件に信じていいと思える人智を越えた〝何か〟でした。

19歳のときの神秘体験で、はじめてその一端に触れたと感じました。

ところがその後、もう一度あの光を感じたくてどんなに祈っても、手術室のベッドの上で遭遇した至福感に満ちたあの光を感じることができませんでした。

あれは単なる偶然に違いない。そもそも自分のような人間が神を感じられるわけがない。そう思うと、深い悲しみと絶望が襲ってきました。信じようとすると、自分に対するダメ出しが山ほど出てくるのです。

この**ダメ出しが無心に祈ることを妨げていることに気づいた私は、時間があると自分の心の中を観るようになりました。あらためて観察すると、私の心の中は絶望感とか、無力感とか、見事にネガティブのオンパレード**でした。

あるとき、自分自身の心の奥を眺めているうちに、ハッと気がつきました。

もしかしたら私は、強烈な思い込みを持っているのではないだろうか？

私の中にあったのは、こんな思い込みでした。

「自分にできるわけがない＝成功してはならない＝本当に欲しいものは手に入らない」

表現を変えるなら、

「無能なら、存在してもいい」

「成功しないなら、存在していい」

「本当に欲しいものを手に入れないなら、存在していい」

という魔女の呪いだったのです。

私が子どもの頃から欲しかったのは、「自分」のままでいても誰からも叱られない安心感でした。けれど親からそれを与えられることはありませんでした。だから人智を越えた存在にそれを求めたのです。

ところが私の心の中には「自分なんかにできるわけがない、本当に欲しいものは手に入らない」という魔女の呪いがインストールされていたので、自らの意志でもう一度神秘体験をしようとした途端、手に入らなくなる状況に陥ったわけです。

この思い込みは、ある時期までの私の人生の基本パターンでした。

ウルトラマンのレコードを好きなだけ聴くことも、16歳でオートバイの免許を取ること

も、どちらもその時点では本当に欲しかったのです。

けれど、手に入れることができなかったという事実が、その思い込みをより強固なものにするという負のスパイラルを作っていたのです。

海から持ち帰った小さな自信

ここまでのお話で、魔女の呪いが私たちの人生にどのような影響を及ぼしているのか具体的なイメージがつかめたと思います。

魔女の呪いでがんじがらめだった私は「成功してはいけない」という魔女の呪いを徐々に解除していきました。その後、認知行動療法や交流分析、統合心理学（サイコシンセシス）を中心に心理学と瞑想を学び、心理カウンセラーの仕事をはじめました。

そんなある日、ひょんなことから与那国島に行くことになりました。与那国島は日本の最西端にある離島で、天気が良ければ水平線の向こうに台湾島が見えます。

旅の目的は海に潜って、自分の目で海底遺跡を見ることでした。そのためには島に到着したら、まずスクーバダイビングの初心者講習を受ける必要がありました。

島に渡ったのは、41歳の誕生日の数日前でした。

はじめての海洋実習の日は朝から雨。おまけにどしゃぶりでした。鉛色の海に雨がたたきつける様子を見ていると足がすくみました。

海に入り、足の着くところでゆっくりしゃがみつつ頭まで海に浸かるのですが、海水が耳に触れた途端、恐怖のあまりパニックになって立ち上がってしまうという有様でした。自分の中の恐怖がこれほど強かったとは思いませんでした。

翌日は雲ひとつない晴天でした。その日の課題はシュノーケリングです。

目の前にはどこまでも透明で穏やかなエメラルドグリーンの海が広がっていました。

私はフィン（足ひれ）を履いて、マスクとシュノーケルをつけると、ドキドキしながら海に続くスロープを下りました。水に入ると、ウェットスーツを着た身体がふわりと浮かびました。

私は海の中を見て、息を呑みました。海の中は驚くほど明るく、陽の光が5メートルほど下の白砂の海底まで届いていました。色とりどりの魚たちは、私の存在を気にすることもなく、身体のすぐ横を通り過ぎていくのです。

私は全身の力を抜いて、海に身体をあずけました。

（昨日の恐怖が嘘みたいだ。あたたかくて気持ちがいい。すごく安心。この感覚は何かに似ている。何だったかなぁ……。あっ！　祈りだ。光に抱かれているみたいだ……）

これが海の不思議な力を感じた最初の体験でした。

この体験で海に対する過剰な恐怖がコントロール可能なものに変わったことが小さな自信になりました。

その後、**多くのクライアントさんの相談に乗るうちに、すべての悩みの根っこに魔女の呪い、とりわけ「存在するな」が隠れていることがわかってきました**。

最初の頃は、心理療法の模範的なアプローチで「存在するな」を地道に解除しながら、それ以外の魔女の呪いを解除するという手法をとっていました。

けれど次第に、もっと短時間で「存在するな」を解除できればという思いが強くなっていきました。

そんなときに、南の島からお誘いが来たのです。

２０１５年３月、私は友人の美夏とともに、鹿児島から４５０キロほど南に浮かぶ徳之島に飛びました。

そこで私を待っていたのは、想像もしていなかった新しい扉でした。

第2章

魔女の呪いが解けると
新しい扉が開く

この章では美夏《みか》のエピソードを紹介しつつ、魔女の呪いと心の仕組みについて説明していきます。

10歳年下の美夏は私の親しい友人であり、才能あふれるジュエリー作家です。彼女は独自の感性をもっていますが、一方で生きづらさを抱えていました。その彼女の変容していく姿が、一瞬で「存在するな」を解除する大きなヒントになりました。

まずは美夏のエピソードをご紹介しましょう。

海が怖いジュエリー作家の美夏とアオウミガメ（美夏①）

徳之島は鹿児島から飛行機に乗って1時間、奄美大島の南に位置する人口２万７０００人の小さな島です。私たちが泊まったのは、島の中心街の亀津から車で10分ほど走ったくじら岬にあるＢ＆Ｂでした。

午前中は私が一人で海に潜りに行っている間、彼女はのんびりビーチで過ごし、午後は一緒にカフェ巡りがてら島散策を満喫。その日の夕食は部屋で食べようということになり、私たちは島のスーパーで地魚の刺身の盛り合わせとお惣菜、それに島のナポレオンという焼酎を買い込みました。ホテルは目の前が海なので、2階の私たちの部屋からは刻一刻と表情が変わっていく茜色の空がよく見えました。

「そうだ。昼間、千間海岸で潜ったときにカメの動画を撮ってきたよ」

「見たいです！」

水割りの入ったグラスをテーブルに置くと、私は水中カメラを取り出しました。スイッチを押すと、岩かげからゆっくりと浮上するアオウミガメの姿が画面に現れました。

「うわぁ。いいなぁ……私もカメに会いたい」

美夏は目を輝かせました。よほど気に入ったのか、何度も再生しては、アオウミガメの姿を眺めています。

「じゃ、ダイビングのCカードを取ったら？」

不意に美夏の表情が曇りました。

「私、海が怖いんです。潜るなんて無理」

「え？　だって、美夏ちゃんはサーファーじゃなかったっけ？」

私の記憶では美夏のサーフィン歴はかなり長かったはずです。

「うん。サーフィンは楽しいし、大好きなの。でも海は怖い。だからいつもサーフィンをするときは、ボードの下の海の中のことは考えないようにしているんです」

私はびっくりしました。サーファーの彼女と海に対する恐怖がまったく結びつかなかったからです。

「美夏ちゃんは海の何がそんなに怖いの？」

「海の中は得体がしれないっていうか、底が見えないのが怖いんです」

このとき、私はやっと気がついたのです。美夏の感じている怖さは海そのものに対する怖さというよりも、未知なもの、得体の知れないものに対する怖さでした。

海は時に荒々しい側面を私たちに見せます。だから誰でもある程度、海に対する恐怖を持っています。

けれど、長年サーフィンで遊んでいる彼女は海に慣れているし、海に関する知識もあるはず。それなのにこの尋常じゃない恐怖は、どうにも不自然な気がしました。

「カメに会いたいなぁ」

美夏はもう一度動画を再生すると、画面の向こうで優雅に泳ぐアオウミガメを見つめました。

「ねえ、美夏ちゃんは、どうして徳之島に来たいと思ったの？」

美夏は名残惜しそうに水中カメラをそっとテーブルの上に置きました。

「私ね、ジンクスがあるんですよ」

美夏が無意識に感じていた恐怖（美夏②）

　いつの間にか水平線の彼方に最後の一筋の光が消えようとしていました。

　美夏は氷を溶かすように、そっと両手でグラスを包みました。

「人生の節目に南に行くと、その後の展開がうまくいくっていうジンクスです。ジュエリーの勉強を続けるための資金が必要で、ここ数年いくつかの仕事を掛け持ちしていたのは知っていますよね？　最近、そのうちのひとつがなくなってしまったんです。割と好きな仕事だったので、なんとなくぽっかり穴があいたみたいな気分なんです……」

　私が美夏と出会ったのは２００３年の12月だったと記憶しています。

　その頃の彼女はそれまで職人として働いていたジュエリーの制作会社を辞めて、生活費を稼ぐための派遣の仕事をしながら自宅で細々と作品を作りはじめていました。

　いつだったか、せっかく職人として働いていたのに、どうして辞めたのか訊いてみたことがあります。そのとき彼女はこう答えました。

「いい会社だったんだけど、制作する商品には私の好きな要素がほとんどなかったんです。私はやっぱり自分の好きな作品を作りたかったんです」

もうひとつ、美夏のジュエリーに関する印象的なエピソードがあります。

「東日本大震災のときにショック状態みたいになっていて、7月くらいだったと思うんですけど、やっと雑誌でも読もうという気になって、ひさしぶりにファッション雑誌のコーナーに行ったんですよね。

手に取った雑誌はハワイのお洒落なものを集めた特別号みたいな雑誌で、その中のゴールドのアクセサリーを見たときに『わぁ、かわいい、私もこういうものを作りたい！』って思いが湧いてきて、固まっていた心がみるみる生き返って、本当に命を吹き返した感じだったんです。それで、急いで家に帰って作業しました。

それで震災のショックから抜け出せました。その瞬間は本当に氷が溶けて、ピンクの花が一斉に咲くような、そんな感じでした。色や香りが戻ってきたというか。

自分にとってジュエリーを作るのは、こんなに命みたいなんだって再確認したんですよね。心が生き返ったんです」

すでに最後の光も消え、部屋の中には夕闇がゆるゆると入りこもうとしていました。

海に対する尋常じゃない恐怖とジュエリーへの情熱、真摯だけど不器用な生き方、それらが私の中でひとつの像を結びました。

「もしかしたらね、美夏ちゃんが感じている恐怖は、実は目の前の海に対してじゃないのかもしれない。美夏ちゃんは海への恐怖だと思っているけど、本当は無意識に感じている未来への恐怖。突き詰めると、死に対する恐怖なんじゃないかな」

「無意識……ですか？」

「そう。海は無意識の象徴なんて言われていてね、海を見て湧き上がる感情は無意識の一端を投影しているという考え方があるんだよ」

「投影……つまり海を見ると、それが引き金になって、私の中にある未来への恐怖が呼び起こされるということですか？」

「そう。恐怖や不安のいちばん大きな要因は知らないことなんだよね。美夏ちゃんの感じている恐怖が適正な範囲なら、対処法を知ることでかなりの部分が解消される。もしも過剰な恐怖、つまり必要以上に恐怖を感じているのなら、心理的なことが絡んでいる可能性があるかも」

「どうしたらいいんですか？」

私はにっこり笑って言いました。

「アオウミガメが呼びに来てくれたじゃない？」

心の仕組み①　〜感情が生まれる最初のステップは考え方にある〜

美夏の「未来に対する恐怖」がどうなったのか、続きをお話しする前に、ここで心というものを心理学的な観点から見ていきましょう。

心理学では、私たちの心は数パーセントの意識と90パーセント以上の無意識という2つの領域から成り立っていると考えます。

例えば、大きな氷山が浮かんでいるとします。

水面に出ている部分は氷山のほんの一角で、そのほとんどが海の中に隠れていますよね？　水面に出ている部分が意識、海の中に隠れている部分が無意識だと考えてください。

「腹が立つなあ」「嬉しいなあ」「買い物に行かなくちゃ」といった自分で自覚できる思考や感情などは意識の領域にあります。

一方、無意識の領域には、意識にのぼることがない不安や恐怖、劣等感・孤独・愛・美・喜び・叡智・直観・ひらめき、などのあらゆるものが存在しています。

中でも**「魔女の呪い」は無意識の領域にあって、解除しない限り私たちの人生を支配す**

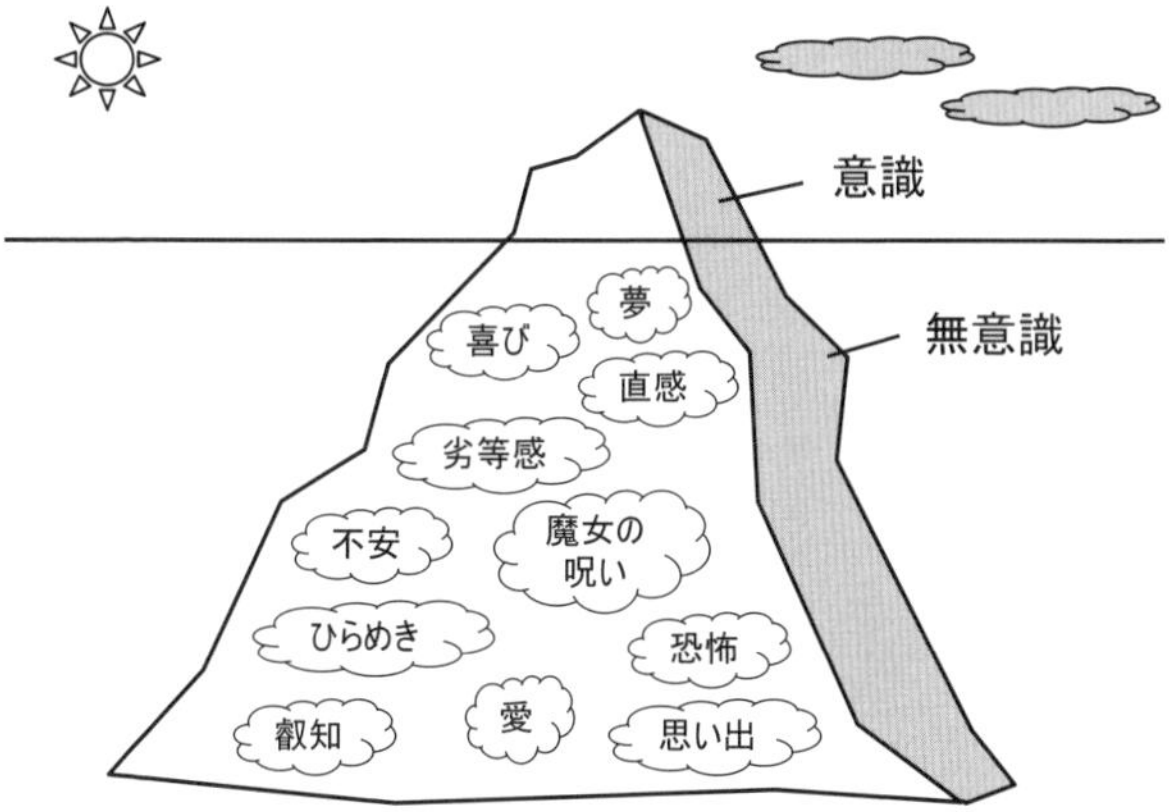

意識と無意識

る力を持っています。この無意識の領域にどうアプローチするかが恐怖や不安から自由になる鍵になるのです。それには、まず心の仕組みを知る必要があります。

★感情が生まれる最初のステップは考え方にある

まず感情が生まれる仕組みを見ていきましょう。

例えば友人と連れ立って、レストランに食事に行ったとします。

数品を頼んだのですが、いつまで経っても一品だけが運ばれてきません。こんなとき、あなたならどうしますか？

A.「こんなに待たせるなんて、ひどい店だ。いい加減にしろ」

……という考えが浮かべば、怒りを感じるかもしれません。

B.「やっぱり忘れられているのかもしれない。自分はいつもうまくいかないことが多いし……」

……という考えが浮かべば、不安な気持ちになるかもしれません。

C.「お店は混んでいるし、なにか手違いがあったのかもしれない。まずは店員に訊いてみよう」

……と冷静に考えることができれば、それほど感情は動きません。

このように、いま起きている状況をどうとらえるかによって生まれる感情が違います。考え方のことを「認知」と呼ぶこともあります。

例では、注文した料理が来ないという状況に対して、最低でもＡＢＣの３つの考え方がありますね。ここで、どの考え方を選択するかによって感情が決まり、実際の行動が決まります。

この流れをまとめると、左のように表すことができます。式の構造が化学の反応式に

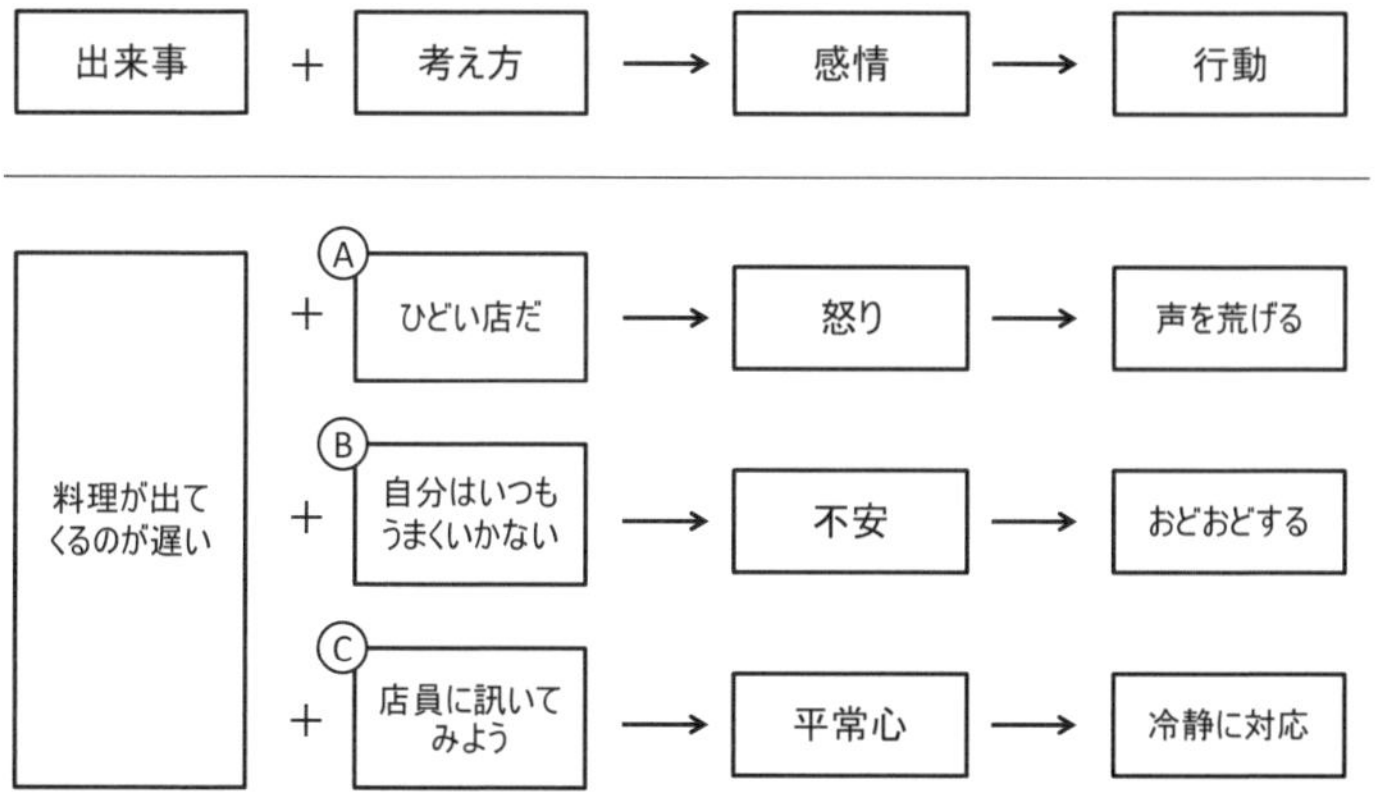

反応式

似ているので、私はこれを「反応式」と呼んでいます。

　出来事の部分には、そのときに起きた出来事の中で、特に自分が反応してしまった事象や相手の言動をシンプルに書きこみます。考え方（認知）の部分には、それに対してどう考えたか、どう受け取ったかをシンプルに書きこみます。

出来事＋考え方（認知）→感情→行動

　自分がその状況に対して、いまどう考えているのか気がつくと、いくつかの選択肢からいまの自分にぴったりの考え方を主体的に選ぶことができます。

「う～ん。私は何も考えずに、いきなり感情が湧いてくるけどなあ。特に腹が立ったときなんて、瞬間湯沸かし器みたいに怒りがこみあげてくるけど」

と思っている方もいらっしゃるかもしれませんね。

考え方（認知）について、さらに詳しく掘り下げてみましょう。

心の仕組み②　～心のクセと自動思考～

いきなり感情が湧いてくるのはなぜでしょう？

結論を先に言うと、実はその場合も実際には考え方（認知）の部分をちゃんと通っています。

ただ、一瞬で考え方（認知）の部分を通過してしまうため、自分では気がついていないだけなのです。その結果、いきなり感情が湧いたように感じてしまうわけです。

では、なぜ一瞬で通過してしまうのでしょう？

例えば、あなたは毎朝通勤するときに、いちいち道順を確認しながら歩きますか？

ほとんどの人は考え事をしながらでも、間違えずに会社にたどり着くことができます。

それは「習慣」だからです。

考え方も同じです。**子どもの頃からの習慣的な考え方は、いつでも使えるように無意識の領域に保存されています。そしていざ出番が来ると、いくつかのパターンの中から、目の前の状況に適した反応式を呼び出します。**

この習慣的な考え方は「心のクセ」と呼ばれています。

例えば、Aさんは高圧的な言い方をされると、条件反射で「ふざけるな」と考えて、瞬間的に怒りが湧いてきます。

一方、同じ状況でもBさんは「自分が悪い、自分はダメなんだ。自分はこの人よりも弱い存在だ。この人は自分の安全を脅かす存在だ」と考えて恐怖を感じます。

このように同じような状況に置かれても、それをどう考えるのかは人によって違います。使う反応式が違うので、そこから発生する感情も当然違います。

この習慣的な考え方は無意識の領域に保存されているため、意識的に気づこうとしない限り、なかなか気づくことができません。

専門用語では、このような習慣的な考え方のことを「自動思考」と呼びます。

自動思考と同じ仕組みは動物の条件反射です。有名な例として「パブロフの犬の実験」があります。

これは、毎回エサを与える前にベルを鳴らすということを繰り返しているうちに、犬は

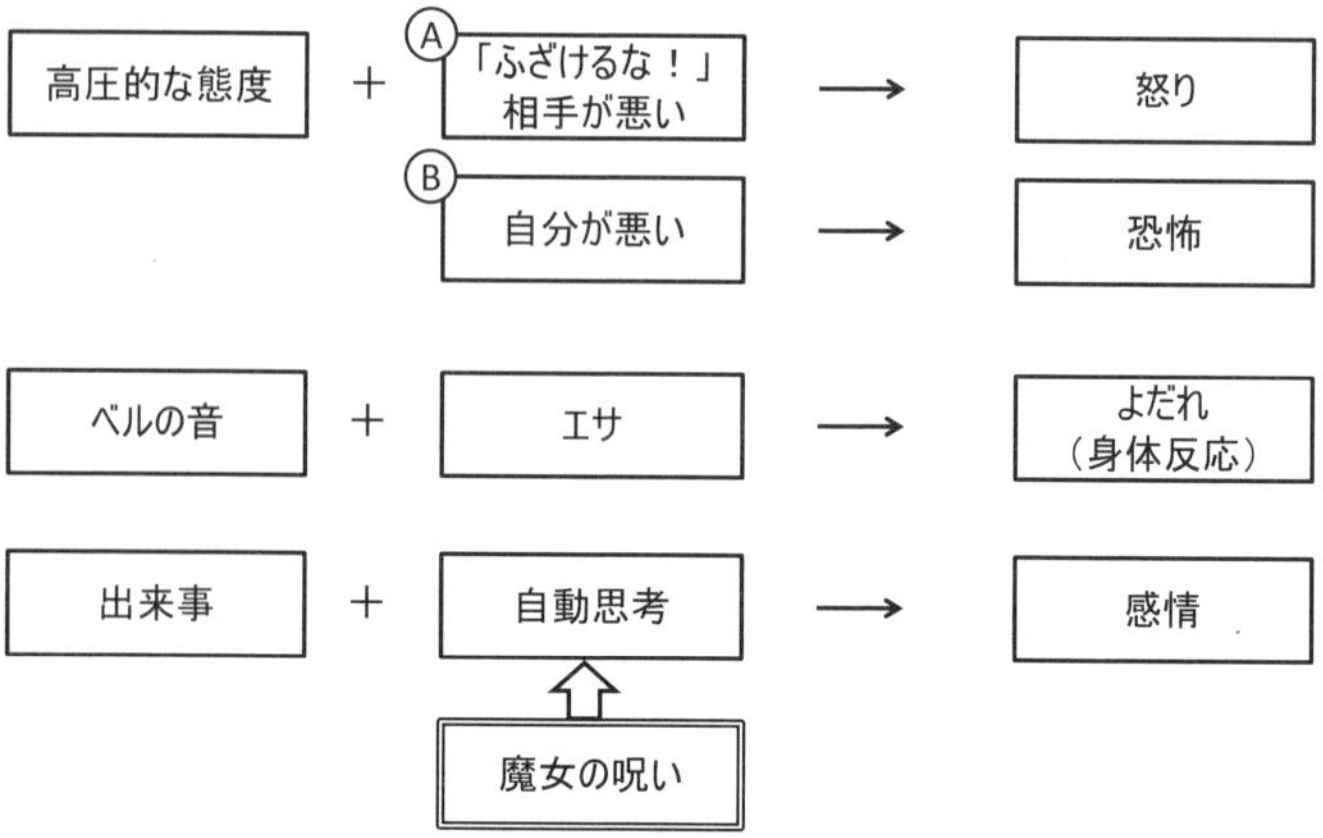

自動思考と魔女の呪い

ベルが鳴るとエサをもらえると思い込むため、ベルを鳴らすだけで唾液を流すようになる、というものです。

ベルの音（出来事・刺激）＋　エサをもらえる（認知）　→　唾液が出る（身体反応）

　犬の脳内でベルの音と唾液が関連づけられた結果、まだエサをもらっていないのにベルの音を聴くと唾液が出るようになるのです。このとき犬は唾液を出そうと思って、唾液を出しているわけではありません。ただ脳内に作られた関連づけによって反応しているだけです。

　大人になった現在の私たちは、頭脳も、身体も、生きていくための能力も、子どもの頃とは違います。

それなのに私たちは子どもの頃に作られた自動思考に支配されたまま生きているとしたら、どうでしょう?

この**自動思考に気がつかない限り、私たちはパブロフの犬と同じ**です。

もちろん、**無意識の領域から自動思考が浮上した瞬間に気づくことができれば、いったん立ち止まって、どのような考え方を採用するかを主体的に選択することも可能です。**

そうなったら、もう自動思考に支配されることはなくなります。

魔女の呪いはどこからやって来るのか?

★「存在するな」のメカニズム

そもそも、自動思考の発生源のひとつが魔女の呪いと呼ばれる根強い思い込みです。

魔女の呪いと呼ばれる、私たちを支配する根強い思い込みは、いつ頃から私たちの無意識にインストールされるのでしょう?

これは諸説あるのですが、授乳期から数ヶ月以内に埋め込まれるという説が妥当だと思います。

生まれて間もない人間の赤ちゃんは誰かがお乳を飲ませたり、おむつを替えたり、抱っこしたり、あれこれと世話をしなければ、一日たりとも生きていけません。

そのため赤ちゃんは、大人とはまったく違う物事のとらえ方をします。

例えば、赤ちゃんが空腹で泣いているとしましょう。赤ちゃんは自分で問題を解決することができないので、母親がお乳をくれるのを待つしかありません。

母親がお乳を与えに来たのは10分後だったとします。ところが赤ちゃんには時間感覚がないので、母親が来るまでの10分間を「永遠」だと感じてしまうのです。そのため、空腹が「永遠に続く」と思い込んでしまうのです。

永遠の空腹を想像してみてください。実際に起これば、大人も命の危険を感じるでしょう。

時間感覚がない赤ちゃんにとって、「10分間の空腹＝死に直結する命の危機」として認識されます。その感覚は絶望的な孤独と恐怖に満ちています。赤ちゃんは自分を取り巻くこの世界は脅威に満ちていると感じて、「この世界は、自分が存在することを許してくれないのだ」と認識してしまうのです。

「そんなことで存在するなという魔女の呪いがインストールされてしまうの？」

と驚くかもしれません。赤ちゃんは庇護を必要とするひ弱な立場だからこそ、自分を取り巻く世界が脅威と敵意に満ちているように映るのです。

けれど、赤ちゃんの非現実的な欲求を満たすことができる完璧な親など、この世には存在しません。だからもしも、あなたが親の立場だとしても、自分を責める必要はまったくないのです。

★「存在するな」と基本的信頼

赤ちゃんは時間感覚がないとお話ししましたが、もうひとつ特徴があります。

それは自分と自分以外のものとの区別がないことです。自他の境界が曖昧な赤ちゃんにとって母親は自分の一部であり、この世界は自分の一部なのです。

だから、**赤ちゃんが「不快だ」と感じるとき、赤ちゃんにとって「この世界は不快で危険極まりない場所だ」と認識されます**。

例えば、母親に何かの心配事があって、不安を感じていたとします。客観的に見れば、これは母親個人の問題であって、赤ちゃんとはまったく関係がありません。

ところが赤ちゃんは自他の区別がつかないので、「母親の不安＝赤ちゃん自身の不安」

となり、それは「この世界そのものが不安で危険な場所だ」と認識します。すると、赤ちゃんは「自分はこの世界に存在してはいけないんだ」と感じてしまうのです。

一方で、**たとえ「存在するな」という脅威があったとしても、授乳期の赤ちゃんにとって、母親の手のぬくもりやミルクをお腹いっぱい飲んだときの満足感、目に映るすべてのものへの好奇心、そういった心地良さを感じるとき、赤ちゃんはこの世界は信頼に足ると認識します。**

自他の区別のない赤ちゃんにとって、この世界への信頼は自分への信頼とイコールです。こうして人間の赤ちゃんは母親（あるいは養育者）に完全に依存することで、人間に対する基本的信頼を獲得していきます。

赤ちゃんは「存在するな」という魔女の呪いをインストールされていると同時に、この世界は信頼に値すると感じる幸福な時間も経験しています。

幸福な瞬間よりも不快な瞬間が多ければ、「存在するな」は強いインパクトを持って、過剰な恐怖を引き起こします。あるいは幸福な瞬間が多くても、一瞬の強烈な不快さが「存在するな」を強く印象づけてしまうこともあります。

すべての人が「存在するな」という魔女の呪いをインストールされていますが、基本的信頼の強さと赤ちゃん自身が持っている天性の資質によって、「存在するな」の出方や影響

力に違いが出てきます。

★「存在するな」とそれ以外の魔女の呪いとの関係

ところで、最上位に位置する「存在するな」と、それ以外の魔女の呪いはどのようなつながりがあるのでしょう？

「存在するな」以外のポピュラーな魔女の呪いは11種類あると言われています。

「自分自身であるな」
「子どもであるな」
「成長するな」
「成功するな」
「何もするな」
「重要であるな」
「属するな」
「近づくな（信頼するな、親しくなるな）」

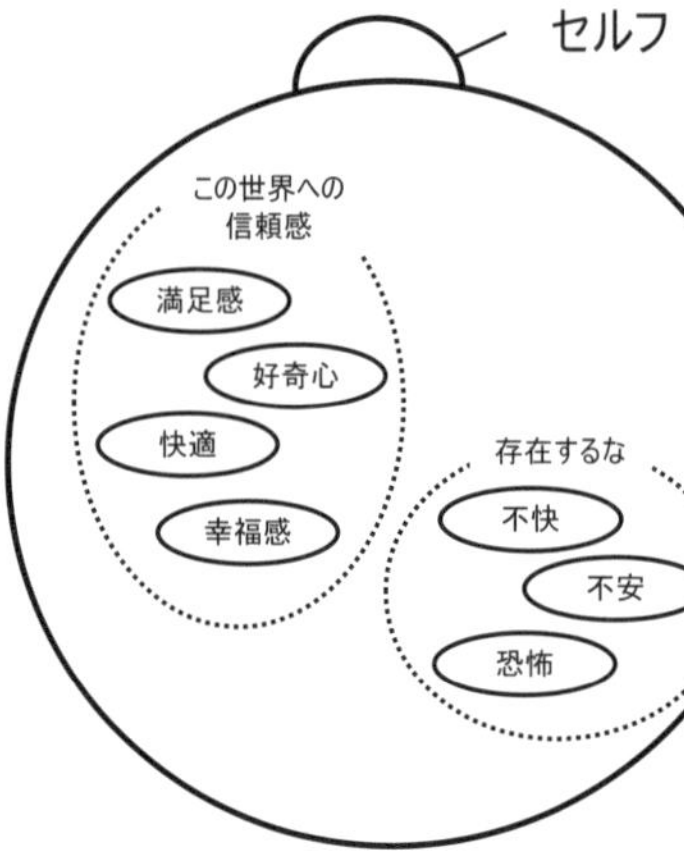

「存在するな」と基本的信頼

「健康であるな」
「考えるな」
「感じるな」

これらの魔女の呪いは親が何気なく発した無言のメッセージを、狭い世界観を持った乳幼児が意味を歪めて受け取った結果です。それがどんなものであれ**「存在するな」の発動を回避するために、乳幼児が自ら決断して受け入れている**のです。

例えば、あなたが「重要であるな」という魔女の呪いを持っていたとしても、それは「存在するな」の発動を抑え、子どもなりに生き延びるために選んだ最善の選択です。

生存が確保できたら、次に必要なのは「親

に愛されること」です。

人間の子どもは物理的にも精神的にも、愛されないと生きていけない存在です。だから、愛されるために自分の素直な欲求や感情を押し殺して、親に気に入ってもらえる自分になろうとするのです。

こうして**インストールされた魔女の呪いは、幼かった私たちの考え方を支配し、生きていくためのすべての活動の中枢部分に入り込みます。勇敢な幼い勇者の苦渋に満ちた決断は考え方を作り、それは習慣（自動思考）となり、やがて人生となります。**

幼かった私たちにとって、魔女の呪いは脅威に満ちた世界から自分たちを守ってくれるものでした。眠り姫がそうだったように、幼かった私たちは生き延びるために魔女の呪いを受け入れる必要があったのです。

けれど、大人になった私たちには魔女の呪いはもう必要ありません。

なぜ未来に対する過剰な恐怖が問題なのか？

授乳期の子どもはこの世界の荒々しさや厳しさを自分に対する脅威ととらえ、「存在するな」というメッセージとして受け取ります。

近代以降、日本人の住環境は飛躍的に良くなって、寒さに震えることもないし、外敵に襲われて命を落とすこともありません。

けれど、ほんの２０００年前まではそうではありませんでした。自然環境の厳しさはもちろん、オオカミをはじめとした天敵も多く、子どもが無事に大人になれる確率は現代よりもずっと低かったのです。

動物の子どもはどうでしょう？

毎年自宅の庭にシジュウカラが子育てをしに来るのですが、ヒナが6羽生まれても無事に育って、翌年に親になるのは1羽か2羽です。

私たちが住む地球は素晴らしい恵みを与えてくれる一方で、知恵を絞って環境に適応しなければ生き延びることができない厳しさがあります。

そう考えると**「存在するな」という魔女の呪いが私たちの中にインストールされているのはごく自然なことなのかもしれません。適正な恐怖は私たちが生き延びる上で不可欠だから**です。

★適正な恐怖と過剰な恐怖

恐怖の本来の役割は、未来に起きるかもしれない問題に対して適切な対策を立てて行動を起こし、未然に危機を防ぐことです。

適正な恐怖の事例をひとつ挙げましょう。

私は登山が趣味なのですが、山に入るときは必ず熊鈴を持って、仲間とおしゃべりしながら山道を歩きます。熊の出そうな鬱蒼とした藪を歩くときは、必ず頭上の木の上に熊がいないか注意を払いながら進みます。

不用意に熊と接触して大惨事になった話はあちこちで聞くので、私の中には熊に対する本能的な恐怖があります。だからできる限り事前に情報を集め、熊対策をしてから山に入るようにしています。おかげさまで被害に遭うこともなく、標高２７００メートルの星空や雲海を眺める恩恵にあずかっています。

これは私が大人で、熊に対する正確な知識を持っているから対策を立てることができるのです。恐怖を危機管理の指標として活用することで、精神を安定させ、かつ最悪の事態を回避することができます。

では、「過剰な恐怖」とはどのような状態でしょうか？

先ほどの熊よけの例で、もし私が熊に関する正確な知識も対抗する術も持たない幼い子どもの状態で、熊の森に取り残されたとしたらどうでしょう？

きっと幼い私は途方に暮れて、恐ろしい想像がどんどん膨らんでいくでしょう。このとき「存在するな」という魔女の呪いは必要以上に増幅されて過剰な恐怖となり、そこから逃れるために、盲目的に「存在するな」以外の魔女の呪いにすがるかもしれません。

そんなことをしても目の前の危険を回避することはできないのですが、幼い私はその現実を受け入れることができないのです。

私たちは大人になっても、熊の森に取り残された幼い子どもと同じような行動をとることがよくあります。強いストレス状態に置かれると、一時的に魔女の呪いに支配されていた子どもの頃の精神状態に戻り、過剰な恐怖を感じるようになるのです。

すると問題が解決しないばかりか、さらなる問題を引き起こし、往々にして私たちが「こう在りたい」と望んだ状態とはかけ離れた方向に事態が進んでいきます。

まとめ

◆大人になった現在も、未来に対する過剰な恐怖を感じる理由
・「存在するな」が強く入っていて、かつ解除されていない

・単純に恐怖の活用方法を知らない
・強いストレス状態にある

◆過剰な恐怖が人生に大きな影響を与える理由
・重要な局面で選択を迫られたときに、判断を誤る可能性が高い
・過剰な恐怖は思考を停止させ、必要な対策をとる行動力を奪う

私はたくさんの「私」からできている

さて、ここからは少し角度を変えて、心の構造――つまり、心の中身についてお話ししましょう。

★心の中にはたくさんの「自分」がいる？

私は平日の昼食は外で食べることが多いのですが、ランチを食べたあとに、デザートを注文するかしないかでよく悩みます。

そのときの私の心の中では、次のようなやり取りが行われています。

A．「このお店のケーキはすごくおいしいから、注文しちゃおうかな」

B．「でも甘いものは健康に良くないから、ここは我慢したほうがいい」

意見の違う自分Aと自分Bが話し合いの末、デザートを注文するかどうかを決めます。

このように心の中で、相反する意見が対立することは誰でも経験したことがあると思います。

また家族といるときの自分、職場で仕事をしているときの自分、友人と遊んでいるときの自分、一人でいるときの自分、あなたはどの場面でも同じ態度をとりますか？　それともそれぞれの場面に応じて振る舞いが変わりますか？

こうして見ていくと、私たちの心の中にはさまざまな「自分」がいることに気づきます。**私たちは場面に応じて、さまざまな「自分」を使い分けている**のです。

目の前の白いお皿にプチトマトが20個くらい入っているとしましょう。

よく見ると、プチトマトは完熟のもの、まだ青いもの、大粒のもの、小粒のもの、細長いものなど、いろいろな種類のものが無造作に入っています。

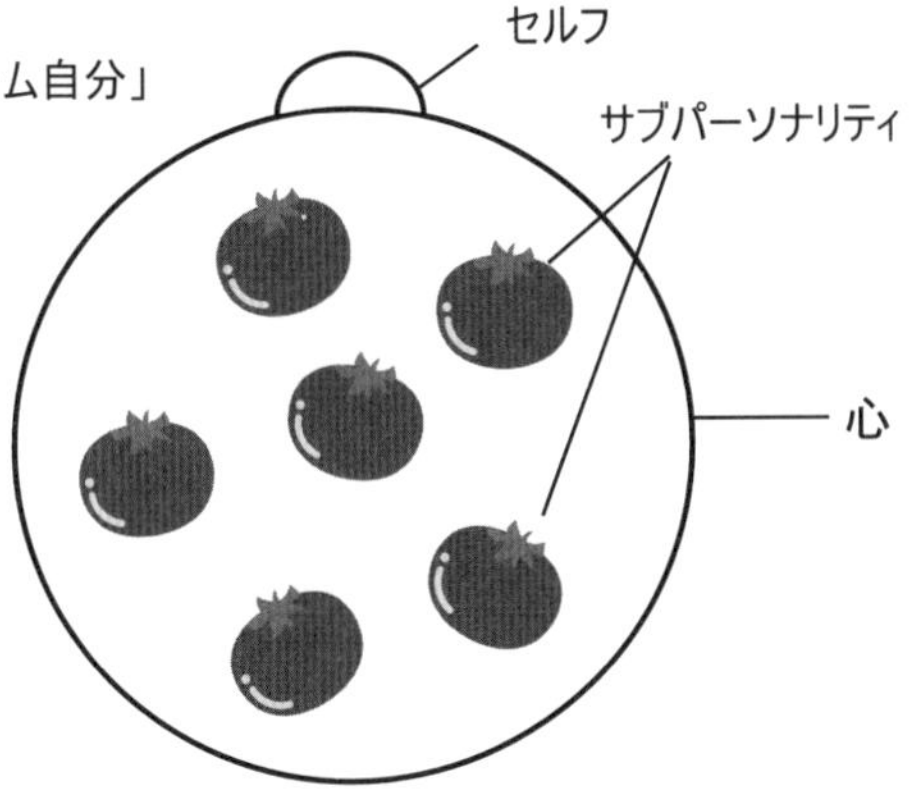

セルフとサブパーソナリティ

お皿が「心」という器だとしたら、このプチトマトは「心の中にあるさまざまな自分」です。この一つひとつのプチトマトのことを統合心理学（サイコシンセシス）では、「サブパーソナリティ」と呼びます。

私たちの心はたくさんのサブパーソナリティから成り立つチームです。そして、**サブパーソナリティたちを肯定的に受け止めるチーム監督の役割をするのが「セルフ」と呼ばれる人格の中心**です。

デザートを注文するかどうか葛藤しているときは、私の中の「欲望に忠実なサブパーソナリティA」と「冷静で合理的な考え方をするサブパーソナリティB」が対立した状態になっていたわけです。

セルフの役割は、AとBの主張を公平に聞

いた上で「私の人生の全体的な幸福」に照らし合わせて意志決定をすることです。

「チーム自分」の中にいる大魔女、白魔女、怯えた子ども

続いて、「心＝セルフとサブパーソナリティから成り立つチーム」という視点から、魔女の呪いについて見てみましょう。ここでは、あなたが数ある魔女の呪いの中で「重要であるな」を持っていたと仮定します。

まず登場するキャラクターを決めます。話をシンプルにするために「存在するな」の大魔女、「重要であるな」を提案する白魔女、魔女の呪いに怯える「怯えた子ども」、それにセルフを加えた4人に絞ります。

「存在するな」の大魔女、「重要であるな」を提案した白魔女、魔女の呪いに「怯えた子ども」はいずれもサブパーソナリティです。

【登場人物】

・セルフ＝チーム監督

・サブパーソナリティ1＝「存在するな」の大魔女

・サブパーソナリティ2＝「重要であるな」を提案する白魔女
・サブパーソナリティ3＝魔女の呪いに怯える「怯えた子ども」

大魔女から見ていきましょう。

授乳期の子どもを脅かすのは、身の回りのさまざまな環境です。寒さ、暑さ、空腹、オムツが濡れた、大きな音、親をはじめとした周囲の人間の発するネガティブな感情などが、子どもの無意識の中で寄り集まってサブパーソナリティ「大魔女」を形成し、「存在するな」という無言の圧力を発信し続けます。

その無言の圧力を受け続けているのは、子どもの中の数あるサブパーソナリティのうちでも「怯えた子ども」です。「怯えた子ども」はダイレクトに「存在するな」という無言の圧力を受けるので恐怖のあまり泣きじゃくっています。

そこに登場したのは子どもの味方の白魔女です。ただし、この白魔女はそれほど高い叡智の持ち主ではありません。

白魔女と大魔女はこんな会話をします。

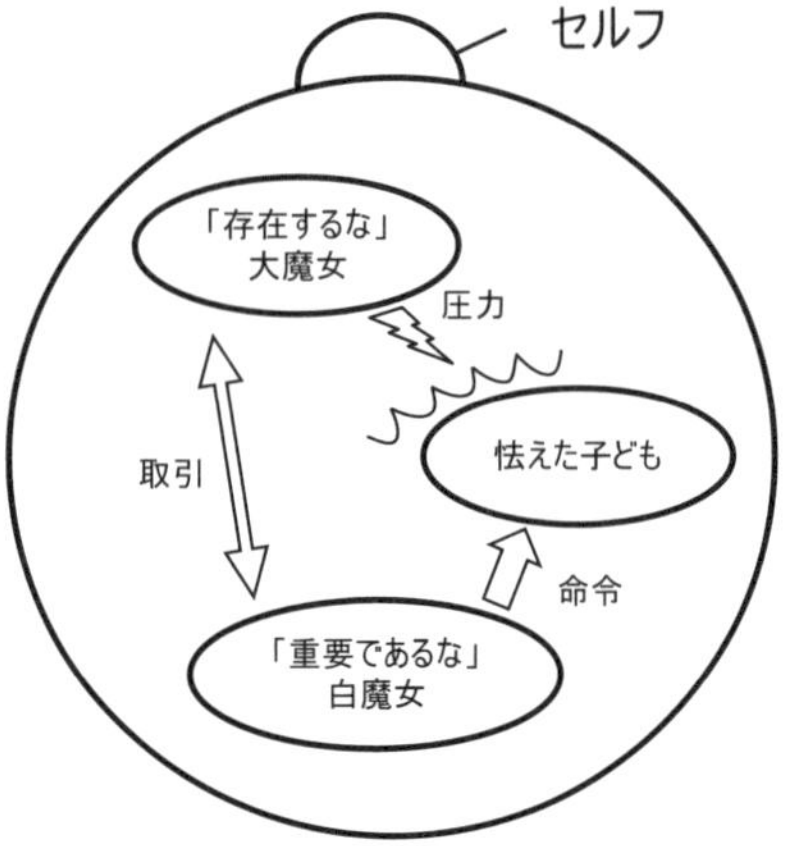

自分の中の大魔女と仲間たち

白魔女「生まれたばかりなのに、いきなり存在するなではあまりにもかわいそうです。その魔法を取り消してもらえませんか？」

大魔女「それはできない」

白魔女「では、あなたにこの子の人生の喜びの一部を預けましょう。この子は決して重要な立場になることはありません。その代わり、この子が約束を守っている限りは、命を奪う呪いを凍結してもらえませんか？」

大魔女「それならいいだろう。ただし魔法が解けたわけではない。間違っても重要な存在になろうなどとは考えるでないぞ。そのときは、すぐさま呪いが甦ることを忘れるな」

こうして白魔女の計らいで魔女の呪いは一時凍結され、命を奪われることを免れます。ただ、完全に魔法が解けたわけではありません。

怯えた子どもはそのことをよく知っているので泣きやみましたが、常に生存の危機に対してアンテナを張り巡らせています。ちょっとでも白魔女との約束を破るようなチャンスが巡ってくると、恐怖と不安がこみ上げてくるようになってしまったのです。

この状態では、チーム監督であるセルフはほぼ機能していません。

サブパーソナリティたちは互いに反目し合い、それぞれ勝手に動き回るばかりで、チームとしては機能していない状態です。

私たちの人格の中心であり、チーム監督としての役割を持っているセルフは、意識的に育てない限りいつまで経っても未熟なままで、監督の仕事をすることができないのです。

監督の仕事は、それぞれのサブパーソナリティのいまの状態をありのまま受け止めて、味方になることです。

大魔女に対しても、白魔女に対しても、怯えた子どもに対しても、それぞれ言い分をよく聞いて、それを批判したり、意見を変えさせるのではなく、愛を持ってその思いを受け止めることです。

もしセルフが育って本来のチーム監督の仕事ができるようになると、セルフに理解されたと感じた彼らは自分の持ち味をチーム全体のために使うことができるようになります。魔女の呪いは解除され、短所は長所に変わり、本当の個性が開花していきます。

それまではサブパーソナリティの暴走に半ば人生を支配されていました。

ところが**セルフが育って、自分自身のサブパーソナリティたちを信頼できるようになると、本来の人生のミッションともいうべき深いところから立ちのぼるセルフの意志を実感するようになる**のです。

美夏からのメール（美夏③）

さて、ここまでの話を踏まえた上で、話を美夏とのエピソードに戻します。美夏にとって、徳之島の海での体験はどんな意味を持っていたのでしょう？

東京に戻ってしばらく経ってから、彼女から1本のメールをもらいました。

『海に潜ったことは、本当に、毎回、おおげさですけど、死にに行くような気持ちでした。

言いようのない怖さが続くことと、今を逃したら二度と生きている間にダイビングに挑戦することはないだろう、海の中の風景を体験して見ることもないだろう、そんな気持ちで、あんなに綺麗な海なのに必死でした。

それでも、恐怖の合間、合間に、空中では見ることのないキラキラ光る陽ざしや、太陽に照らされた白い砂の文様や、綺麗でかわいい小さい魚が私の恐怖と正反対の無垢な好奇心や反射力で泳いでいたり、物の動きが水の中独特のスローモーションだったり、サンゴの森の上をふわーっと飛べるような感覚は、「落ちないんだ！」って、新鮮な驚きだったし、上向いて動いても、何にもどこにもぶつからないし、好きな体勢でいられるのってすごいなって思いました。

恐怖が大きく変化したのは、講習が終わって、次のファンダイビングの初日の２本目か３本目でした。

うっすら曇りで、水が暗くみえて、もう怖いしイヤだと思っていたんですけど、チラチラとみえる真っ白が、（そうだ、あれは白い砂だから綺麗な風景が見えるはずだ）とはじめて気がついて、「潜降します」って言われる前に自分で見れば、怖さは減るはずだと思って、自分からはじめて水面に顔をつけたんだと思います。

そしたらやっぱり、見えた景色が綺麗で、はじめて早く潜りたいと思いました。

そういえば、あのときに、カメの山ちゃんが水面に顔を出して、呼びに来てくれたような気がします。

カメが見たくてダイビングをしてみようと思って、はじめてカメを見られたときか、その次の1本だったか、とにかくあれが大きく変わったタイミングかなあと思います。どんな影響があったかは、やっぱり、本能的な恐怖の対象が好奇心の対象に変わったことかなあ。

ちゃんとしたインストラクターさん達は、不確定に見える物の中で、不確定な要素をなるべく取り除いて、それが一定以上になったら近づかない、みたいな、本能的な恐怖を智慧と経験で、毎回真剣に向かい合っていく生き方を見せて教えていただいた、という感じです。今までそういう恐怖の乗り越え方は、知らなかった。

乗り越えられるんだ、そういうことを教えてもらえる人に出会えるということって、すごく大切なことなんだと思いました。

それは、触れられない恐怖が何割も減って興味の対象になったということで、それだけじゃなくて、いまだにうまく説明できないけど、何か生きやすくなったかも、ですね。

いろんな出来事の中にある、今まで見えなかったものが感じられるようになって、それで楽になるというか。

あれだけではないいんだけど、あれがあることで、いろんな日常の中の一瞬の物事の、見えなかったものが感じられるようになったというような。

澄江さん、徳之島連れて行ってくれて、本当にどうもありがとう。

また行きたいなー……。

美夏より』

新しい扉が開く（美夏④）

2人で徳之島旅行に行ったときから、もうすぐ3年が経とうとしていた頃。

私と美夏は新宿のいつものワインバーに来ていました。美夏の胸元のペンダントが頭上のスポット照明に照らされてきらきらと輝いていました。

「そのペンダント素敵だね。美夏ちゃんの作品？　綺麗だなぁ。見せて」

美夏は首から下げていたペンダントを外すと、私の掌に置きました。

ペンダントトップは直径15ミリほどの丸い金の台座の真ん中に赤いルビーがはめ込んであります。よく見ると、金の台座には細かな六角形の模様が浮き彫りのように施されていました。

「やっと納得できるものが作れるようになったんです」

美夏はそう言って、嬉しそうに笑いました。

丁寧に作られたそのペンダントを見ればそれはすぐにわかりました。

自分が本当に作りたいものを作るために、慣れない仕事を掛け持ちしながら、国内では数少ない特殊な洋彫りの技術を学んでいた数年間がやっと形になったのです。

3年前の夕暮れのホテルの部屋でアオウミガメの動画を見てから半年後、美夏と私はもう一度、徳之島に行きました。そこで美夏はCカードの講習を受けて晴れてダイバーの仲間入りを果たし、念願のアオウミガメに会いました。

美夏が変わったのは、それからでした。

彼女はもともと好奇心が強くて、自分の好きなものは絶対に譲らない強さを持ち合わせている反面、繊細で幼い子どものような感性を持っていました。そのアンバランスさが芸術的なセンスの源であると同時に、生きづらさに通じていたのでしょう。

ところが徳之島から帰ってきたあとの彼女は以前よりも線が太くなったというか、傷つくのを前ほど恐れなくなりました。未来に対する過剰な恐怖はもうありません。もちろん本能に根差す恐怖がまったく消えたわけではありませんが、この先に何があっても、いまの美夏なら恐怖を味方につけて軽やかに乗り越えていくでしょう。

この出来事は私の仕事の方向性を大きく変えました。条件さえ整えば、誰もが短時間で「存在するな」を解除することができることに気がついたからです。

ただし「存在するな」を解除し、安全で喜びに満ちた世界観と身体感覚を結びつけるにはちょっとした仕掛けがいります。

その仕掛けとは何か？

次章から、いよいよ「存在するな」を解除する方法について詳しく説明していきましょう。

まとめ

◆感情が発生する最初のステップは考え方にある

◆魔女の呪いは授乳期にインストールされ、それは自動思考（心のクセ）として私たちの心を支配する

◆「存在するな」は魔女の呪いの中でも一番危険なので、子どもはそれを回避するために自ら「存在するな」以外の魔女の呪いを受け入れる

◆「存在するな」は過剰な恐怖を引き起こしやすく、適正なレベルまで解除する必要がある

◆私たちの心はたくさんのサブパーソナリティの集合体であり、魔女の呪いもサブパーソナリティのひとつに過ぎない

◆セルフと呼ばれるチーム監督が育つと、魔女の呪いは解除されてチームがチームとして機能するようになる

第3章

自分の中のヒーローズジャーニーを呼び起こそう

～魔女の呪いを解除する方法Ⅰ～

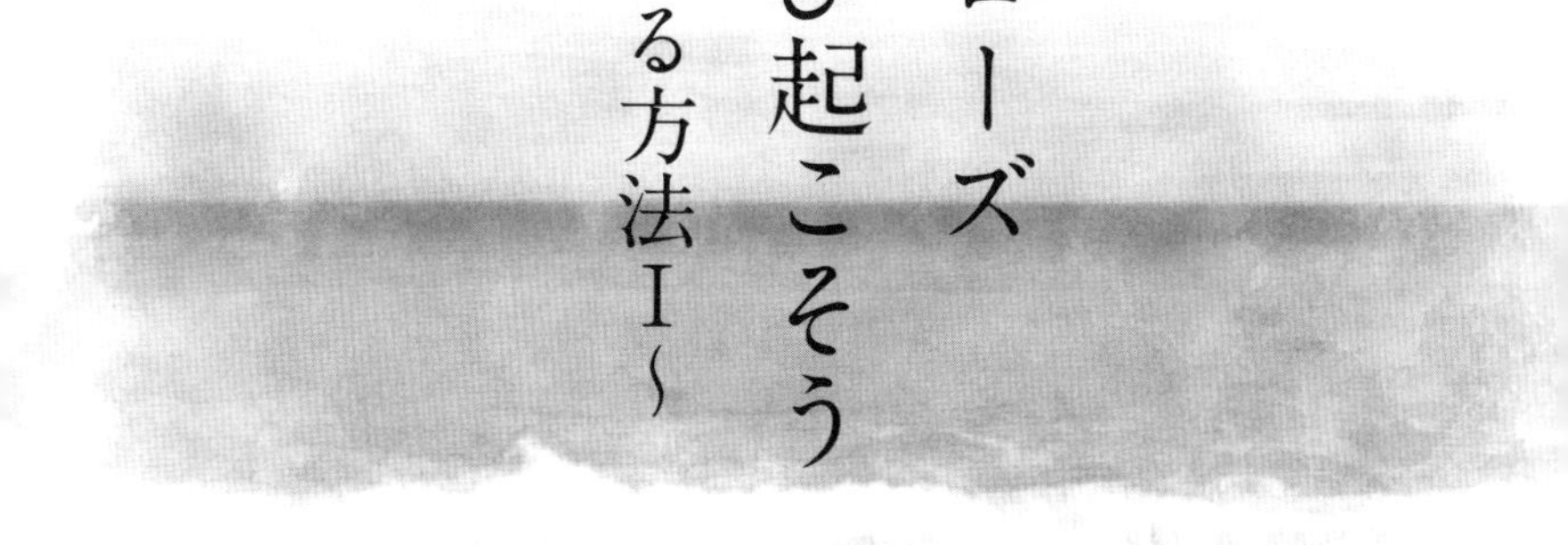

眠り姫を揺り起すための実践ロードマップ

では、本章からは具体的にあなたの中の「魔女の呪い」を解除するステップに入っていきましょう。

まずは全体像を説明してから、ひとつずつ順番に解説していきます。

★短時間で呪いを解除するための３つの要素

「存在するな」という最強の魔女の呪いを短時間で解除するには、次の３つの要素が必要です。

１．ヒーローズジャーニー
２．無条件の愛
３．身体感覚

「ヒーローズジャーニー」と呼ばれる心の成長プロセスを通して、無条件の愛を身体感覚

にしっかりと落とし込むことで「存在するな」が解除され、過剰な恐怖や緊張が解けていきます。

短時間で結果を出す鍵は「場の設定」にあります。

そして、設定の場として最も効果的なのが海です。

その理由は後ほど説明しますね。

★眠り姫を揺り起こすための3ステップ

魔女の呪いを解除し、あなたの中の眠り姫を揺り起こすために、具体的には7日間3ステップで実践をしていきます。詳しくは第6章でお伝えしますので、ここでは全体像を把握しておいてください。

ステップ1：セルフの視点を育てる　～自分でできる自宅レッスン～

1日目：横隔膜を使いこなす

2日目：呼吸を止めてしまう自分のパターンに気づく

3日目：マインドフルな内部感覚を育てる

4日目：体軸を整える

5日目：1回20秒　丹田を作る3呼吸レッスン

ステップ2：アウトドアレッスン①　～象徴の力を使った海辺のレッスン～

6日目：裸足で砂浜を歩いてみよう

砂浜に座って、3呼吸してみよう

海から宝物を持ち帰る

ステップ3：アウトドアレッスン②　～海に入って初速を上げる～

7日目：シュノーケリングで海に浮かぼう

乙姫プロジェクト

ただ、ステップを読んでいきなりはじめようとするのではなく、まずは本書を最後まで読んで知識とイメージをインプットしてください。

これをするかしないかで、効果がまったく違ってきます。読み終わったら、ご自宅で実践ページに書いてある順番通りにレッスンに取り組んでみてください。

すぐに海に行けるとは限らない方が大半だと思うので、一通り自宅レッスンをやったあとは、4日目の「体軸を整えるレッスン」と5日目の「丹田を作る3呼吸レッスン」を毎日するのがおすすめです。

じわじわと効果が出てきます。その上で、初速を上げるために、きちんと安全管理された状態で専門家と一緒に海に入ってみてください。

海で生命力をチャージしながら、ヒーローズジャーニーを思い切り楽しみましょう。きっとたくさんの気づきがあるはずです。

ヒーローズジャーニーは人類共通の心の成長ロードマップ

では、まずヒーローズジャーニーについて詳しく解説していきましょう。

★自分の人生はヒーローズジャーニーで見出せる

あなたは映画『スター・ウォーズ』や『ロード・オブ・ザ・リング』が、なぜ多くの人々の心をとらえて離さないのかをご存知でしょうか？

また、世界各地に散らばる神話やおとぎ話が長い時を超えて語り継がれてきたことを、不思議に思ったことはありませんか？

優れた物語は私たちの心の中にひそむ「元型」を呼び起こします。私たちはいつの間にか登場人物になりきって物語の世界を体験し、物語の終盤で驚くような変容を遂げたヒーローの姿に心を打たれます。

このとき、私たちは物語の中に自分自身の内なるヒーローを投影しています。もちろん、内なるヒーローは性別とは無関係です。

世界中の神話やおとぎ話をはじめとした優れた物語には共通点があります。文化的な背景や舞台設定、登場人物が変わっても、物語の構造ともいうべき流れはどれも同じなのです。

神話や物語に貫かれている普遍的な構造を知ることは、自分自身の人生の地図を手に入れることです。神話は人間が本質的な生命力を獲得して、本当の意味での大人へと成長し、変容していく道筋を指し示しているからです。神話には私たちが生きていく上で必要な普遍的な叡智が詰まっていると考えましょう。

ジョゼフ・キャンベルはこうした神話や寓話などのストーリーに共通する深層構造を

解き明かし、それを「ヒーローズジャーニー（英雄の旅）」と名づけました。

そしてそれは、何も物語の中だけにとどまりません。

私たちの人生は、生きている限り、次から次へとさまざまな出来事が起きます。

ですが、それらの出来事に私たちが意味づけをしない限り、それはバラバラで、つながりを持たない断片的な出来事でしかありません。**私たちが道に迷うときは、いま目の前で起きている出来事の意味を見失っているときです。**

けれど私たちがそこに意味を見出した瞬間、バラバラだったピースがつながり、目の前の出来事は「自分」の物語としてイキイキと躍動しはじめます。

そのとき私たちははじめて、人生とは「自分」の物語であり、「自分」の神話なのだということに気がつきます。

★大魔女はシャドウ、サブパーソナリティと元型

スイスの心理学者カール・グスタフ・ユングは、神話に登場する人物を7つの元型に分類しています。

1. ヒーロー（英雄）
2. メンター（賢者）
3. シュレスホールド・ガーディアン（門番）
4. ヘラルド（使者）
5. シェイプシフター（変化する者）
6. シャドウ（影／悪者）
7. トリックスター（いたずら者）

これらの元型は、神話や物語の登場人物であると同時に、どれもが私たちの心の内部に存在するサブパーソナリティでもあります。

第2章の71ページで説明したサブパーソナリティとセルフの図を見返してみてください。言葉が難しいので頭が混乱するかもしれませんが、次のように理解してみましょう。

私たちの心はたくさんのサブパーソナリティの集合体です。どんなサブパーソナリティがいるかというと、1〜7の面々です。まるで劇団ですね。

ユングの分類で表せば、大魔女は「シャドウ（影／悪者）」にあたります。

自分というチームの中では、こうした役者たちがそれぞれの立場で自己主張していることもあれば、強力な力を持つ大魔女のようなたった一人の役者が支配権を握ることもあります。そのとき、チームはセルフではなく、特定のサブパーソナリティの意志によって支配されています。

ヒーローズジャーニーとは、「チーム自分」を支配するさまざまな役者たちと向き合い、彼らを抱きしめて自分の一部として統合しながら、同時にセルフの視点を獲得して自由とミッションを手に入れる旅とも言えます。

ヒーローの役割は学ぶことであり、成長することです。だから、誰もがヒーローなのです。

何かが違うと思ったときは子どもの頃に手に入れた幻想に満ちた世界観を手放し、新しい視点を手に入れるタイミングだと考えましょう。

ヒーローズジャーニーの6つのプロセス

ヒーローズジャーニーは、次の6つのプロセスをたどります。

プロセス1：冒険への誘い（CALL）
プロセス2：冒険への拒絶
プロセス3：賢者・守護者との出会い
プロセス4：境界を越える
プロセス5：最大の試練（シャドウに立ち向かう）
プロセス6：帰還する

キャンベルの原書では、ヒーローズジャーニーのプロセスを12に分けていますが、魔女の呪いを解く本書のプロセスでは、そこまで細分化する必要はないので、6つのプロセスに簡略化してあります。

それでは、ひとつずつ見ていきましょう。

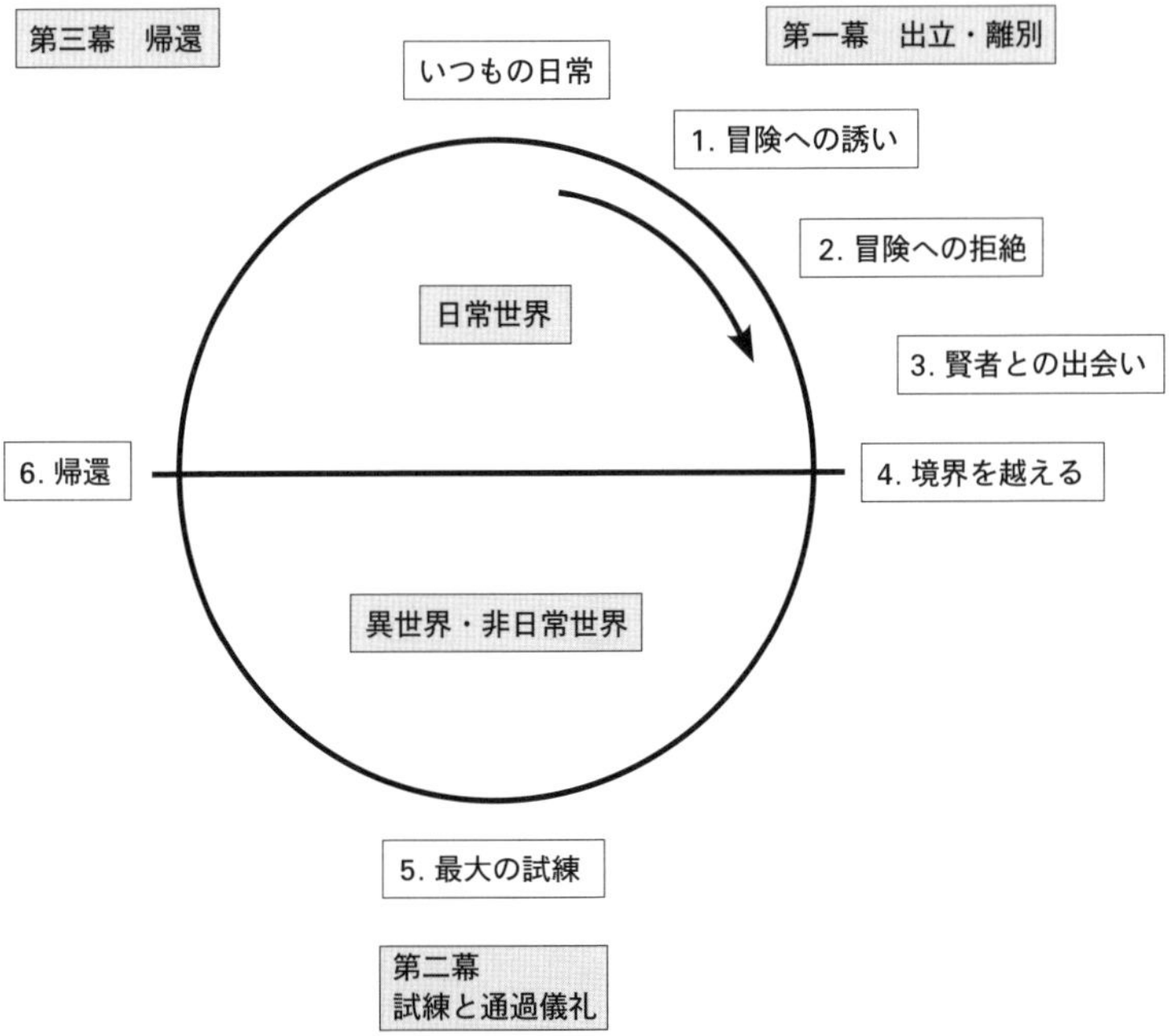

ヒーローズジャーニーの6プロセス

★プロセス1：冒険への誘い（CALL）

「成長せよ、創造せよ、進化せよ！　そのプロセスを通して、持てる限りの生命力をこの世界に注ぎ込め！」

魂は私たちに、そう囁きかけます。

魂が望んでいるのは、例えば、オートバイの免許を取るとか、試験に合格するといったわかりやすい目標を実現することではなく、それらを越えた、私たちの生命が持つ最大の可能性を表現することです。

機が熟したとき、それは向こうからやってきます。それも多くの場合、病気やトラブル、よくわからないけれど納得できないモヤモヤ感や不満足感、一見すると望ましくない姿を装ってやってくるのです。

それらを乗り越える過程で、私たちは魔女の呪いを解除して自分の殻を破り、もっと自由に、もっと柔らかく、もっとパワフルな本来の自分自身に変容せざるを得なくなります。それは未来を現在に持ち込むことに他なりません。

多くの場合、きっかけとなる出来事が起きることによって人生が動きはじめます。

このとき、ヒーローは表面の意識では変化の必要性を感じていなかったり、変化を望んでいなかったりすることも多いのです。

　一見すると不幸に見える出来事の役目は、ヒーローが旅立ちを決意するように促すことにあります。ヒーローは冒険の旅に出る以外の選択肢がない状態にまで追いつめられるのです。

★プロセス2：冒険への拒絶

　ＣＡＬＬを聞いたものの、この段階ではヒーローは冒険への誘いにどのような答えを出せばいいのか迷っています。ほとんどのヒーローはできれば冒険の旅に出たくないし、現状にしがみつきたいと思っています。

　従って、何度も執拗なＣＡＬＬを必要とします。そのたびにヒーローはムダな抵抗を試みます。

　魔女の呪いをインストールされたヒーローが、旅に出ることに対して恐怖や不安を感じるのは当然です。

★プロセス3：賢者・守護者との出会い

ヒーローズジャーニーとは「進化と成長の旅」ですから、いまあなたが持っている能力では乗り越えることができません。だからこそ友人・知人・歴史上の人物・その道の専門家といったあらゆる人々から学ぶ必要があるのです。

この段階で、ヒーローは賢者から知恵や贈り物を授けられます。

★プロセス4：境界を越える

散々ムダな抵抗をした末に、旅が始まります。結局のところ、どんなに抵抗しても、機が熟すと自動的に旅が始まってしまうのです。

それまでの能力や方法、固定化された古い意識レベルではヒーローズジャーニーを安全に乗り越えることはできません。ここからは新しい視点を獲得して、それまで使っていなかった能力を習得することが鍵になります。

★プロセス5：最大の試練（シャドウに立ち向かう）

賢者や守護者を見つけ、さまざまな方法を使って自分自身の内側で新しい能力を育てていくうちに、ヒーローは自分の内側にいるシャドウと向き合う覚悟ができていきます。

「シャドウ＝対立する相手や敵」は、実は自分自身の中にいます。

ヒーローズジャーニーではシャドウという言葉を使いますが、シャドウとは、私たちの心の中にいる「大魔女」「白魔女」たちのことです。

自分の中のそうした魔女たちをジャッジせずにその存在を認めて、受け止めることで、それらの持つ性質が変わり、私たちの人生の新たな扉を開く最大の味方になります。

最大の試練のテーマは「象徴的な死と再生」です。

病気やトラブル、あるいはうっすらとした不安を抱えた日常であれ、本気でそれを変えようと思えば、それまで気づかないふりをしてきた自分の本音と向き合わざるを得なくなります。

例えば、「本当はあのとき別の道を選びたかった」「本当はもっとみんなと仲良くしたかった」「本当は成功したい」などの本音が出てくると同時に、それが成就するのを邪魔する魔女の呪いが浮上します。「重要であるな」「親しくなるな」「成功するな」という無言の圧力を感じて苦しくなります。

このとき、魔女も本音も自分の中にあるすべてのサブパーソナリティの存在を認めて肯定的に受け止めることで呪いは解除され、臆病は慎重に、恐怖は叡智に、皮肉はユーモアにというように、呪いを発していた魔女たちの持つ肯定的な側面を使いこなせるようになります。

こうして、それまで敵対していた自分の中の魔女たちは、私たちが次の扉を開くための頼もしい味方に変わります。

★プロセス6：帰還する

ヒーローズジャーニーの最終段階は、旅で学んだことを日常に持ち帰り、日常に落とし込む段階です。

ヒーローズジャーニーは単に個人の癒しや目標のためにあるのではありません。やむにやまれぬ思い、魂の要請に応えて、厳しい旅を乗り切った先にあるのは、自分自身と自分が所属するコミュニティそのものの変容です。

私たちが新しい自分に生まれ変わることで、私たちを取り巻く人間関係が変わり、結果として自分の所属する小さなコミュニティそのものが変容し生まれ変わります。

そのためにはヒーローは旅で学んだあらゆる教訓や叡智を自らの中に統合し、それらの実践を通して自らの変化と復活を示さなければなりません。

すべての試練を切り抜けたら、ヒーローはこれまでとはまったく違う新しい人生のスタートを切るでしょう。

冒険の究極の目的は「時間」という枠に存在しながら、同時に時間を越えた永遠を感《かん》得《とく》し、永遠を表現することなのです。

私たちはこの世界に生命力を注ぎ込み、この世界をより豊かに変容させるためにこの世に生を受けたのです。進化と変容はこの世界の宿命です。そして、それはいつだって個人という通過点を通ってこの世界に立ち現れるのです。

なぜ海はヒーローズジャーニーを加速させるのか？
～一瞬で無意識の世界観を書き換える力～

★イザナギとイザナミの物語は典型的なヒーローズジャーニー

無意識の象徴としての海に入る行為は、自分自身の無意識の奥にある「何か」と出会い、宝物を持ち帰る象徴的な行為でもあります。

日本人はそれをよく知っていました。例えば神道では、神職が重要な神事の前に禊といって、川や海に入って心身を清めてから神事を執り行います。初詣で神社に参拝すると手水舎で手と口をすすぎますが、これが簡易版の禊です。

禊の起源は、『古事記』に出てくるイザナギとイザナミの神話だと言われています。知っているかもしれませんが、ここでストーリーをおさらいしておきましょう。

イザナギとイザナミは夫婦神でしたが、あるときイザナミが出産の火傷が原因で死んでしまいます。妻の死を悲しんだイザナギは、イザナミを蘇らせるために黄泉の国に行きますが、そこで変わり果てた彼女の姿を見てしまいます。醜い姿を見られたことに腹を立てたイザナミは、鬼たちを引き連れてイザナギを追いかけます。イザナギは命からがら地上に戻り、黄泉の国との通路を岩でふさいでしまいました。そして、イザナギは川に入って身体を洗い、アマテラス、スサノオ、ツクヨミという三貴神を産みます。

これを心理学的に見ると、妻の死を受け止めきれないイザナギは黄泉と川に象徴される「自分自身の心の奥深いところにある悲しみや執着」と向き合って、それらの感情を受け入れます。

三貴神の誕生は、「妻の死」という大きな悲しみを受け入れた結果として得られた愛や赦しを内包した豊かな境地であると同時に、新たな創造がはじまるのを予感させます。

イザナギとイザナミの神話は典型的なヒーローズジャーニーです。

そして、ここでも水が無意識の象徴として使われています。

★海は生命のゆりかご

なぜ、人類にとって海は無意識の象徴なのでしょう？

それは海が私たち人類の故郷であり、生命のゆりかごだからです。誰もが胎児だった頃は母親の子宮の中で羊水の海に浮かんでいました。無意識の奥に眠るその記憶を通して、私たちはいまも海とつながっているのです。

海に入ると、一瞬で感覚や呼吸に関係する神経系の指令が変わり、習慣的な思考や感情とは別の、それまで使われていなかった部分が起動します。

それがスイッチになって、私たちの人生のヒーローズジャーニーを呼び起こすのです。

どん底から仕事と人生をＶ字回復させたＮ村さんの事例

ここで社会的・経済的に追い詰められた状態からＶ字回復を遂げた、経営者のＮ村さんのエピソードをご紹介しましょう。

私が友人のＲ氏からＮ村さんの話を聞いたのは２０１５年12月のはじめでした。

「僕の知り合いの経営者の話なんだけど、億の負債を抱えてどうにもならない状態だったときに沖縄の海に潜りに行って、そこで閃いたアイデアを地上に持ち帰って大躍進したという話を聞いたことがあるよ」

ちょうどその頃、私は海と心理学を融合させたプログラム「乙姫プロジェクト」の開発を模索しはじめたばかりで、ひとつでも多くのエビデンスが欲しい時期でした。なので、いつかその方に直接話を聞いてみたいと思いました。

それから3年後、R氏の紹介でN村さんのお話を聞くチャンスがやってきました。

待ち合わせの丸の内オアゾのカフェは仕事帰りのビジネスマンであふれていました。

N村さんは現在、時代の最先端をいく経営者として大活躍しており、とても興味深い話を聞かせていただきました。

その中でも、N村さんの現在の成功の原点というべきストーリーを手記という形でまとめていただいたので、まずはそれをご紹介します。

★N村さんの手記

「海の中の特別な体験　心の芯（コア）が作られる時」

沖縄の慶良間の海で忘れられない体験をしたのはもう20年も前の話だ。

以来、すべてが変わったと感じる。

まるで昨日のことのように、繰り返し思い出す。

これから話すのは、私が立ち直るきっかけになった物語だ。

【決意】

その頃、私は精神的にも肉体的にも苦しい状態が長く続いていた。

この状況を変えるのはどうしたらいいのだろう？

街が秋の気配に包まれたある日、私は環境を変えようと決意した。

日常から遠いところ、地上ではない海の中に行こうと思ったのである。

その頃、『グラン・ブルー』という映画が人気だった。

『グラン・ブルー』は、実在のフランスの天才フリーダイバーのジャック・マイヨールをモデルにした映画で、イルカに魅せられた潜水夫の物語だ。

私も主人公のジャック・マイヨールのファンになった。

彼の海を通して叡智を得た禅僧のような振る舞いがとっても魅力的だった。海の中にいることで、肉体的にも精神的にも変化が起きることは彼の本からも知ることができた。

ジャックはイルカから泳ぎを学んだという。

私は本質的な変化を求めていた。

そのためには長い時間、海の中にいる必要があった。

全てを変えるという目的のために環境を変える。

だとしたら、海の中こそ私の行くべき場所だろう。

海の中でしばらく過ごし、地上に戻ったら新しい自分になると本気で考えていたのだ。


【変化】


20年経って、改めて思うことは変化が海の中で確かに起きたということだ。

それは水中に入る瞬間、身体が水を感じたときに始まったと思う。

透明なミルキーブルーの海の中の風景が心の中にある。

それをいつも思い出せる。

ありがたいことに、自分はいつでも安らぎの場所に行けるのだ。

思い出せば、海に潜り続けた10日間、いつも喜びの中にいた。それは日増しに強くなっていった。

私はやがて地上にも注意を向けるようになっていた。

思考が広がったのだ。

【波の音】

島に来て五日目のことだった。

静かな夕暮れ時、寄せては返す波の音が聞こえてくる。

すでに日は傾き、西の空を茜色に染めながら、ゆっくりと太陽が水平線に沈んでいく。

空と海が交わり、穏やかな夕方の光が空と海の色を変えていく。

水平線に沈む夕日の美しさは格別だった。

私は息を飲み、ただその美しさに見とれていた。

（あれ～、夕日って、こんなに感動的？）

この体験について、後に知ったことだが、長時間人間が魚だった頃の姿勢で動いているると脳の奥深いところが活性化するという説がある。

それを聞いてそういうこともあるかもしれないと思った。水中で身体を動かしているうちに脳に変化が起きたのかもしれない。いま振り返るとそう思うのだ。

島に来てからは、ほぼ毎日シュノーケリングやダイビングをして過ごした。私は長い時間、繰り返し海の中で水平な姿勢をとっていたことになる。

美しい色とりどりのサンゴ。キラキラ光って群れをなす魚たち。海の中は人の世とはまったく異なる風景が広がっている。

自然の中に身を置くことは、なんと素晴らしいのだろう。

生命の起源、生命のふるさとの中に私はいる。

この幸せな体験を心から楽しむ自分を感じていた。

【特別な時間】

慶良間諸島にいた10日間の中で最も印象に残る事がある。

旅はもうすぐ終わろうとしていた。

私は珍しいクマノミを見るダイビングツアーに参加した。

その日の海の透明度は30メートル以上あった。透明度というのは水中で何メートル先までくっきりと見えるかを表している。透明度30メートルということは、30メートル先にあるサンゴ礁がくっきりと見えるということだ。

水中に潜ると、遠くにたくさんのダイバーが見えた。みな思い思いに海の中を上に行ったり下に行ったり立体的に移動していて、不思議な世界に入ったようだった。

私は数メートル潜った。
太陽は頭上にあった。
ふと見上げると神、そして光がキラキラと輝いていた。
その日は何かが違っていた。
意識がカオスの状態から、何か創造的なものを求めはじめたようだった。
スキューバダイビングは単に楽しみの体験から自然の秘密を探す旅へと変わった。

私は水深がしだいに深くなっていくのを感じとっていた。
その日の渡嘉敷島の海は流れがとても速かった。
流されないように、必死にフィンを動かして移動する。
ようやく珍しいクマノミの仲間と出会うことができた。

ほっとした、まさにそのとき、海の底の砂がかすかに動いた。
次の瞬間、ヒラメが砂の中から現れた。
一匹だと思ったら、重なるようにもう一匹現れた。
それは親子のヒラメだった。

ヒラメはふわりと舞い上がるように海水に身をゆだねた。

私はその様子に驚きながらも、ただただ見とれていた。

時が止まったかのような静寂の中、ヒラメの親子は白い砂と青い水の狭間を悠々と泳いでいた。青く透明な海の底には、どこまでも白い砂が続いていた。それは、青と白しか存在しない世界だった。

ふと私は身体がすごく震えていることに気がついた。

鳥肌が立った。

私は胸がいっぱいになった。


【目標】

私はそのとき、10の目標を立てた。

ありがたいことに、その目標のほとんどは叶った。

しかし、ひとつだけ予想外だったことがある。

それから1年後、女の子が生まれたことだった。

２０００年、ミレニアムベビー！

家族の誰もが祝福した。

年の離れたお兄ちゃん、お姉ちゃんが可愛がった。

「きっと人生、面白くなるよ」

いまは亡き母は、そのときとても祝福してくれた。

そして本当にその通りだった。


【自然の真実を求めて】


こうして私は地上に戻った。

その後、私は自然について考えるようになっていた。

生命にはどんな秘密があるか？

それから私は生物や脳科学者と話す機会を積極的に作った。

私は自然を理解するキーワードは「自律」であることを彼らとの会話から知ることができた。自律した個の集まりは、別の次元の大いなる個となるということだ。超個体と呼ぶらしい。

最初はこうした事柄を理解できなかったが、20年かけて少しずつ謎が理解できたと感じている。サンゴはまさに自律的な個体が集まったものなのだ。

「自然」に学ぶ大切さは、私の人生と仕事を支え続けた。

真実は自然の中にある。
この智慧を授かったとき、新しく生まれ変わることができた。

了

★N村さんのその後に起こった変化

N村さんの手記はここまでです。その後のN村さんのことを、ちょっとだけお伝えしておきますね。

東京に戻ったN村さんが業務を再開して2週間が過ぎた、ある日のことです。一人の男性が訪ねて来ました。

N村さんは請われるままに、淡々と自社の技術について説明しました。そして最後に、「もしも自分の技術が御社の役に立つのであれば協力しましょう」と言いました。

すると、男性はしっかりとN村さんの手を握り、深くうなずきました。

「私が『なぜ事業がギリギリの状態まで追い詰められたのか？』と訊いたとき、N村さんは『自社の技術が時代に取り残されていたから』と言いました。それがなぜ、契約することになったのですか？」

「その人は、うちの技術が陳腐化しているとはまったく思っていなかったんだ」

実はその男性は、大きなプロジェクトの納期を半年後に控えて切羽詰まった状況にあったのですが、Ｎ村さんの話を聞いて、その技術に社運を賭けました。

結果は大成功でした。Ｎ村さんの技術は陳腐化どころか、時代の最先端を行くものでした。その後、Ｎ村さんは不思議な縁に導かれるように、出会うべく人と出会い、世のために尽力していきます。

Ｎ村さんに何が起きたのでしょう？

「売ろうとするのをやめたんだ」

以前のＮ村さんは自分の技術を売り込むのに必死でした。売ろう、売ろうとしていたときは、少しでも多く自分の利益を生むことしか考えていませんでした。

ですが、「社会のために尽くす」と決意したＮ村さんは、相手のために苦労をいとわず働くことができました。もしかすると、Ｎ村さんを動かしているのは「生かされた」という感謝の思いなのかもしれません。

地上に戻ってからのＮ村さんにとっての奇跡は、もうひとつありました。

手記にも書いてあった通り、それはミレニアムに子どもが生まれたことです。

「その子が生まれてから一度も赤字になったことがないし、一度も不幸になったことがない。ずっと応援し続けてもらっている気がするんだ。あの海の中で、再生可能エネルギーを世の中に出さなきゃいけないと決意した。だから天はこの子を授けてくれたと思えるんだ」

現在、N村さんは業界の枠を超えた新技術のコーディネーターとして多忙な日々を送っていますが、その原動力は20年前の海の中の邂逅と、それが形となってこの世に生まれたミレニアムの子どもなのかもしれません。

「海から上がった後に見る夕日は何かが違うでしょ？　なんて美しい夕日なんだろう。僕はあの夕日を見て、本当に感動したんだ。水の中で魚のように泳いでいると、魚だった頃の脳細胞が活性化するという説があるんだよ。太古の自然界と一体だった頃の記憶が脳の奥深くで甦るのだとしたら、原始的な生命力にあふれた状態で願ったことはぜんぶ叶うんだよ」

陸上の世界に絶望し、肉体的にも精神的にも追い詰められたN村さんが、再生をかけて旅立った場所が慶良間《けらま》の海でした。そこで彼の古い自我が死に、次世代エネルギーを扱えるだけの器を獲得して、見事に再生を遂げたのでしょう。

もちろん、これですべてが終わったわけではありません。

あれから20年、N村さんは時代を先駆ける者として、さらなる重責を引き受け、地上の世界で新たな旅を続けています。

第4章

無条件の愛は自分で自分に与えるもの

～魔女の呪いを解除する方法Ⅱ～

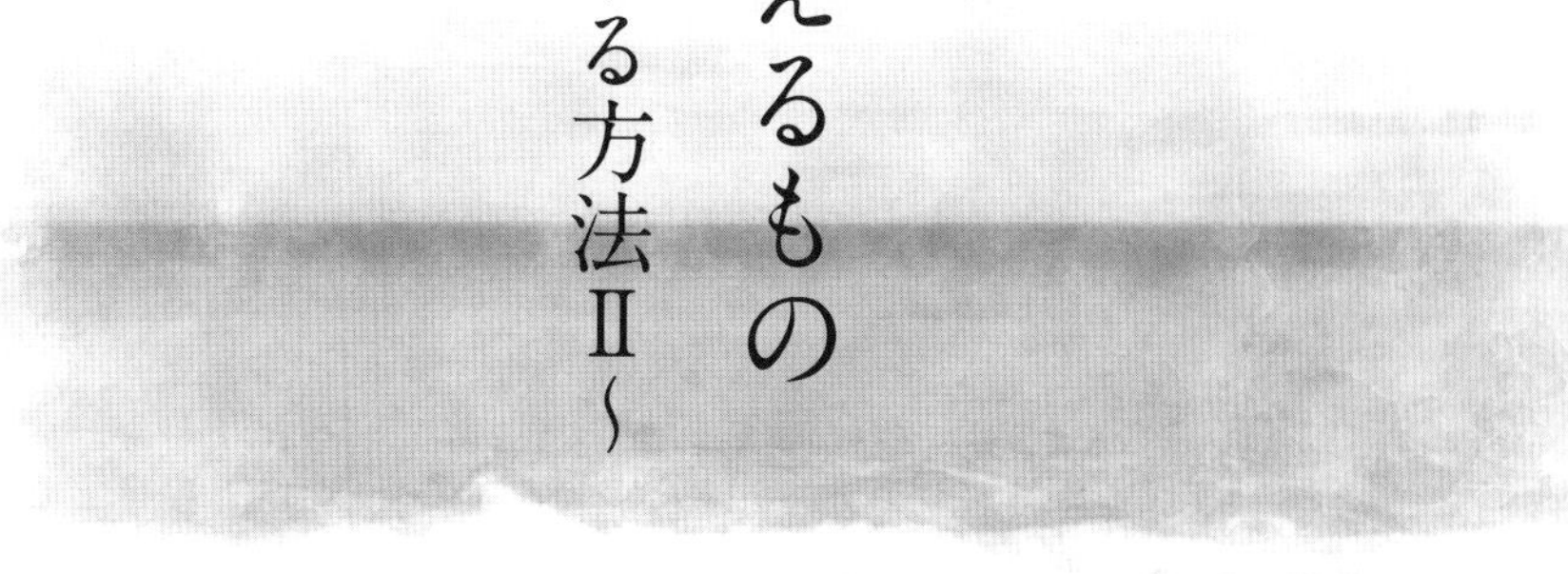

典型的なヒーローズジャーニーを地で行くようなN村さんのエピソードはいかがでしたか。

魔女の呪いを解除する鍵は、ヒーローズジャーニー、無条件の愛、身体感覚の３つでしたね。この章では２つ目の鍵である「無条件の愛」についてお話ししましょう。

親は子どもに無条件の愛を与えることはできない

無条件の愛は、「存在するな」を解除するための重要な要素ですが、そもそも無条件の愛とは何でしょう？

ここで魔女の呪いの成り立ちと問題点を簡単におさらいしてみます。

生まれたばかりの赤ちゃんにとって、自分を取り巻く環境は脅威に満ちています。赤ちゃんはそうした環境を「存在するな」というメッセージとして受け取ります。けれど、そのままでは生きていくことはできません。

そこで赤ちゃんは「存在するな」を打ち消してくれる魔女の呪いを自らインストールすることで、生きる指針を手に入れます。

ただし、このプログラムには賞味期限があります。期間限定と言ってもいいでしょう。

授乳期にインストールしたプログラムは、子どもが最も保護を必要とする時期を安全に生き延びるためのものです。そのため保護を必要としない年齢に達すると、逆に持って生まれた才能やさまざまな能力を封じ込めるプログラムとして働いてしまうのです。

そうならないためには、ある時期が来たら授乳期のプログラムを解除する必要があります。

赤ちゃんが最初に「存在するな」というメッセージを受け取るのは、寒い、暑い、空腹、眠い、怖い、さみしいといった感覚を感じるとき。つまり、赤ちゃんは自分の欲求が満たされないときに不快だと感じ、生命の危機だと認識するのです。

一方、世話をする親の立場はどうでしょう？

多くの場合、若い母親は育児に不慣れだったり、核家族で孤立していたり、さまざまな事情を抱えています。赤ちゃんがどうして泣くのかわからなくて途方にくれたり、育児以外で気にかかることがあったり、抱っこしながら母親自身も泣きそうな気持ちになることもあります。

母親もその時々の悩みを抱えながらも、精いっぱい生きている一人の人間です。

どんなに愛情があったとしても、赤ちゃんの果てしない欲求を満たすことはできません。つまり、親は無条件の愛を子どもに与えることはできないのです。
では、**成人した私たちが魔女の呪いを解くために必要な無条件の愛とは何でしょう？**
それは、「自分自身を愛する力」です。

自分自身を愛する力とは？

自分自身を愛するとは、自分の中にいる様々なサブパーソナリティの存在を認めて、ありのままのサブパーソナリティを受け入れるということです。

例えば、若い頃の私は他者の成功に嫉妬していました。本当は自分もその人のように自分の能力を堂々とアピールして仕事を勝ち取りたいと思っていたのです。ですが、そんな自分を認めたくない自分がいたのです。認めてしまえば、現時点での自分の負けを認めることになるからです。それはあまりにもみじめでつらい。だから、本気で欲しいものを手に入れたい気持ちそのものを抑えつけて、なかったことにしていた時期がありました。

けれどあるとき、そんな自分の本心を認めざるを得ないような状況に陥ったのです。自分の本当の気持ちを認めなければ、一歩も前に進めないと思いました。

「自分は、本当は思いっきり勝負したかった。でも負けることが受け入れられないので、勝負そのものから逃げていたんだ」

それを認めたときはすごくつらかったのですが、同時になぜか晴れやかな気持ちにもなりました。

自分の中のどろどろとした負の部分を認めるのはつらいけれど、それも自分の一部＝サブパーソナリティなのだから仕方がありません。サブパーソナリティなりの理由があって、弱い自分を守ろうとしたのだと思えば健気です。

嫉妬していたサブパーソナリティを認めて、受け入れたのはセルフです。

「わたし」は自分の中のどんな自分（サブパーソナリティ）もありのまま認めて、その存在を受け入れる、というときの「わたし」とはセルフのことです。

セルフの愛は「無条件の愛」です。

自分の中のさまざまな「なかったことにした自分の気持ち」に気がついたら、ちょっとだけ勇気を出して自分がありのままの感情を持つことを許してあげてみてください。

怒りも憎しみも悲しみもみじめさも、全部です。

最初は難しいかもしれません。

なかったことにするクセがついている場合は、なかなか自分の気持ちに気がつかないかもしれません。もし、**「なんとなくつまらない」とか、「なんとなく不愉快」だとか、「なんとなくイライラ、もやもやする」と感じたら、それはなかったことにされているサブパーソナリティからのサイン**です。

これに気づくようになると、あなたの中のセルフが育ち、自分を愛することができるようになります。

親は子どもに無条件の愛を与えることはできませんが、自分の中のセルフの視点を育てることで、自分が自分に無条件の愛を与えることができるようになります。

すると、魔女の呪いが次々と解けていきます。

無条件の愛は大魔女の呪いさえも、やわらかく溶かしていきます。

自分の心の動きを観る練習をしながらセルフの視点を育てるのは確実ですが時間がかかります。

実は、**無条件の愛を感じる方法がもうひとつあります**。

キーワードは「自然」です。

海と祈りの共通点

古代の人々は海や山、森や川のせせらぎ、万物に神が宿ると考えました。

朝になれば太陽が昇り、夕方になれば西の空を赤く染めながら山の端に沈んでいく。夏の盛りの木々の緑はやがて枯れ落ち、長い冬を経て、再び春になると大地のそこかしこで命が芽吹く。

私たちの住む地球は1年かけて太陽の周りを回っています。その太陽を中心とした私たちの太陽系は銀河の中心から遠く離れた辺境にありますが、その銀河系もゆっくりと渦を巻いています。

私たち人間も、生まれ、成長し、やがて老いて死んでいきます。死んだ私たちの身体は分子レベルに分かれて、自然の循環に組み込まれていきます。すべては形を変えながら、止まることなく変化し続けています。

死も終わりではなく、変化のひとつの姿に過ぎないのだとしたら、この世界は万物を育む力によって動かされているのではないでしょうか。

古代の人々は、自然の変化そのものの中に神を感じました。現代のように宗教が組織化されていない時代では、素朴な自然への畏怖と感謝と驚きを「神」と呼んだのかもしれません。

山登りの好きな友人から聞いた面白いエピソードがあります。

彼は学生時代、毎年夏になると登山部の仲間と一緒に北アルプスを縦走していたそうです。まだ暗い時間に起きて朝食の用意をしていると、だんだん東の空が明るくなってきます。最初は真っ黒だった西の山肌が徐々に焦げ茶色から褐色へと変わっていきます。

「その光景をはじめて見たとき、神はいるんだと思った」

彼はごく普通の若者です。その彼が自然の営みに心打たれ、神という言葉を口にしたのは他に適切な言葉が見つからなかったからでしょう。その気持ちは古代人が万物の中に神を見出したのと通じるものがあります。

「祈り」という言葉を使うとき、私はとても慎重になります。神社仏閣での願い事のための参拝と混同されるとニュアンスが伝わらないような気がするからです。

私にとっての祈りは、登山家の友人が山でご来光を見たときの感覚によく似ています。この世界を動かしている大きな力の一端に触れたときに感じる深い安心感という言葉が、祈りの持つ性質をよく表しているような気がします。

19歳の神秘体験以降、心理学や瞑想を学び、人に教えるまでになりましたが、その原点はやはり19歳のときの祈りでした。この世界には人智を越えた力が存在するということを知ったのは大きかったのです。

人智を越えた力とは自然そのものです。

与那国島のあたたかな海でリラックスしたときに感じた、何とも言えない安心感は祈りの感覚によく似ていました。この世界に生まれて、いま生かされていることそのものが、無条件の愛に包まれている証です。

そうは言っても、大自然に生かされているという実感は、日常生活ではなかなか感じづらいと思います。だから大自然の中に分け入って、生かされているのを体感してください。

そういった意味でも、海がおすすめなのです。

「依存」と「自律」、2つの力　～海で初速を上げる～

海が「場」として最適なのは、非日常空間であるのと同時に、「依存」と「自律」が同時に体験できることも挙げられます。

海に入るということは、もう一度世界との一体感を味わうことです。ですから、無条件の愛を感じられるような、あたたかくて、安全で、美しい海を選ぶ必要があります。

水に全身をゆだねることで筋肉の動きが変わり、それは脳と脊髄から構成される神経系の状態にすぐさま反映します。

波の音と海の匂い、目に映るエメラルドグリーンの海と白い砂、熱くも冷たくもない水が肌に触れる感触、海に身体をゆだねたときに筋肉がゆるんでいく感覚。

浮き輪ではなく、ぜひウェットスーツを着て体感してみてください。浮き輪では得られない海との一体感を感じることができると思います。

あるいは足の立つところで、息を止めて水中に潜ってみてください。３６０度の自由を味わってみてください。

穏やかな海はあなたを受け入れ、あなたが、いまこの瞬間生きていることを１００％肯定してくれます。

人間はひ弱な生きものです。気温や空気などの環境が、常に一定の条件のもとでしか生きられません。

でも、あなたは生きています。それは生かされているということです。

海では環境に身体をゆだねる、つまり「依存」と同時に、能動的な力を要求されます。

どういうことかというと、陸上生物である人間が海に入るということはさまざまなリスクが伴います。

まず呼吸の問題です。

ご存知の通り、水中では肺呼吸ができません。水に潜らず、水面に浮いているだけだとしても、常に呼吸を確保する必要があるわけです。

さらに、どんなに遠浅で凪いだ海であっても陸上ではないので、歩くか泳ぐか、とにかく海を満喫したあとは必ず陸上に戻らなければなりません。ウェットスーツを着て、フィンをつけていれば水面移動がかなり楽ですが、やはり筋肉を使って足を上下に動かして水をかいて泳がなければなりません。

そうです。**陸上生物である人間にとって、海に入るということは小さな冒険であり、凝縮されたヒーローズジャーニーそのものなの**です。

海という異世界に行って、自分の中の大魔女を癒し、無条件の愛を体感して、陸に無事帰還する。

このとき、私たちの神経系では次のようなプロセスが進みます。

「生きて陸に戻る」という目的のために、持っている情報を総動員して、最適な手段を選んで、決断し、行動に起こす。

水深20メートルだろうが、足のつく安全な場所だろうが、このプロセスは同じです。

自律とは、自動思考から抜け出し、いま目の前で起きている事実に基づいて主体的に考え、行動することです。

ヒーローズジャーニーの目的は、魔女の呪いから自由になることであり、宝物をもって帰還することですが、それは自律を獲得するプロセスとも言えます。

このように海では遊びの中で、無条件の愛を全身で感じること（依存）と、自律のプロセス、この2つを同時に体験することができるのです。

そして、これらはリアルな筋肉の動きを通して神経系にストックされます。この圧倒的なリアリティーはインドアのセラピーにはない部分です。

最愛の人を失った彼女が生きる力を取り戻すまで〈あゆみのエピソード〉

ここで、絶望の淵から再生したあゆみ（仮名）さんのエピソードをご紹介します。

★凍りついた時間

夏の始まりを告げる尺玉が空いっぱいに広がりました。

「うわぁ……きれいだね。洸ちゃん」

水谷あゆみ（仮名）がそう言って夫の洸一（仮名）の腕を取ろうとした瞬間、洸一は崩れるようにその場に倒れ込みました。

「洸ちゃん……？　洸ちゃん！　洸ちゃん！」

最初は何が起きたのかわかりませんでした。

意識を失った洸一を抱きかかえたまま、あゆみは動転して洸一の名前を呼び続けました。洸一の様子がおかしいことに気づいた友人が慌てて救急車を呼びました。

辺りは打ち上げ花火を見ようとする人でごった返していましたが、徐々にあゆみたちの周りに人だかりができはじめていました。駆けつけた救急隊員が心臓マッサージと並行してＡＥＤのセットをしています。

花火の音、友人の声、救急車のサイレン、担架に乗せられた夫の横顔。世界は色を失い、平坦なモノクロの画像が切れ切れにあゆみの視界を通り過ぎていきました。

あまりにも突然の夫の死でした。救急隊員が駆けつけたときは、すでに洸一は息をしていませんでした。あゆみはそのあとのことはあまり覚えていません。

洸一の葬儀が終わって自宅に戻ると、ここ数日の炎天下で鉢植えの土が干からびていました。そのとき、あゆみは自分がたった一人この世界に取り残されてしまったことに気がつきました。

それから３ヶ月間、あゆみは毎日どう生きてきたのか覚えていません。

何を見ても心が動かない、何もしたくない、生きていたくない、ただ無為に時間だけが過ぎていきました。

★アオウミガメの動画

そんなある日、あゆみはひさしぶりにＳＮＳを開きました。ここ数ヶ月、開いていなかったせいか、タイムラインには未読の投稿があふれていました。

以前なら友人知人の近況を読むのは楽しみのひとつだったのですが、いまはどの記事を見ても何も感じないのです。あゆみはぼんやりとタイムラインを眺めていましたが、ふと１本の動画にスクロールする指が止まりました。

それは一匹のアオウミガメの映像でした。

アオウミガメは岩に生えている海藻をむしゃむしゃ食べていました。周りには色とりどりの熱帯魚が泳いでいます。お腹いっぱいになったのか、アオウミガメは海面を見上げると、一瞬ふわりと舞い上がりました。そして、ゆったりと海面に向かって泳ぎ出しました。

カメラは海面を見上げるようなアングルでアオウミガメの姿を追っていました。青い水の向こうに見える太陽の光は、そこが海の中だということを忘れるほど優しく、ゆらゆらと輝いています。アオウミガメの黒いシルエットが吸い込まれるように、徐々に小さくなっていき、一瞬、光と同化したように見えたところで動画は終わっていました。

あゆみは息を止め、画面を見つめました。言葉にならない思いがあふれ、次から次へと涙が頬を伝ってきました。

洸一が亡くなって以来、何を見ても心が動かなかったのに、カメの動画を見ていると、自分の中で何かが甦って来るような気がしました。

（こんなきれいな海に潜ってみたい）

海とはまったく縁がなかったあゆみは自分がそう思っていることが不思議でした。

気がつくと、あゆみはメールを打っていました。

★はじめてのひとり旅

12月初旬。あゆみは空港に向かう電車に乗っていました。名古屋の朝は寒く、厚手のコートを着こんでいるせいか、暖房の効いた車内は蒸し暑いくらいです。

動画を見てすぐに、あゆみはカメの動画を投稿した古い友人と連絡をとりました。

古い友人とは私のことです。あゆみから事情を聞いた翌週、私とあゆみは丸の内のカフェで一緒に昼食を食べていました。

最愛の夫が亡くなったこと、それまで自分は夫に甘えっぱなしで一人で何かを決断したことがなかったこと、心が干からびてしまったことなど、あゆみは一気に話してくれました。

「唯一、心が動いたのが澄江さんのカメの動画だったんです」

私もあゆみの行動に心を動かされました。

「澄江さん、ダイビングは誰でもチャレンジできるものですか？　何もやる気がなくなって、生きていたくないって思っていたけど……でも、澄江さんが動画を撮った徳之島の海に潜ってみたくて」

「もちろん、できるよ」

私はすぐに徳之島のダイビングショップ「マリンサービス海夢居《かむい》」に連絡をとりました。

こうしてあゆみのはじめてのひとり旅が始まりました。これまではいつだって洸一が傍にいました。その洸一はもういません。

あゆみが不安と孤独で涙ぐみそうになっていると、突然子どもの声が聴こえてきました。

「お母さん、お腹空いたー」

「もう少しで着くから我慢しなさい」

振り向くと、駄々をこねている4歳くらいの女の子が両親になだめられていました。

どこにでもある家族団らんの風景です。その瞬間、孤独感でぎゅっと胸が締めつけられてまた涙がこぼれそうになって、あゆみは慌てて視線をそらしました。

12月の徳之島は思っていたよりもずっと気温が高く、日差しが出ると暑いくらいです。

ホテルの目の前にはエメラルドグリーンの海が広がっています。

あゆみは目を見張りました。

（なんて、きれいなの）

木枯らしが吹く中部国際空港を飛び立ち、鹿児島で乗り継いで徳之島まで約半日。

そこは別世界でした。

★「悔しい」という感情

翌日から、早速スクーバダイビングの練習が始まりました。

陸上で空気の入ったタンクを背負って波打ち際から海に入るのですが、洸一が亡くなって以来ずっと家に引きこもっていたせいで体力がすっかり落ちていたあゆみには、その重さが耐えられませんでした。

泣きそうになりながらやっと海に入ると、今度は万が一のときでも慌てないように、足のつく安全な場所でトラブル対処法を練習します。

足の立つところで、タンクから送られてくる空気を吸うためのレギュレーターを口にくわえて海底にしゃがんで、わざとマスクに水を入れます。そして、鼻から息を吐きながらマスクの水を押し出す練習をするのですが、どうしてもうまくできなくて、何度も何度もやり直しました。

あゆみは海の中で地団駄を踏みました。

胸の奥から悔しい気持ちがこみ上げてきたのです。

「悔しい！」

インストラクターの洋子が目を丸くしました。

「悔しいって言う人、はじめてです」

あゆみは自分でも不思議でした。自分の中にこんなに悔しい気持ちが残っていたなんて思ってもみなかったからです。うまくできないことがたくさんあって、そんな自分が悔しくて、練習をしながら何度も泣きました。

昼間は海で練習して、一日が終わるとくたくたで、ホテルのベッドに横になった途端眠りに落ちました。

一日中動いて疲れ果てて、何も考えずに眠る。そんな眠りは何ヶ月ぶりだったことでしょう。いまのあゆみには、それがありがたかったのです。

★人と自然と

連日の練習では体力が続かないだろうということで、インストラクターが一日オフの日を作ってくれました。せっかくなので、あゆみはレンタカーを借りて観光がてら、島をまわることにしました。

島らしいおいしいものが食べたいと思って、観光案内所で教えてもらったお店に行ってみました。島のおばちゃんが一人で切り盛りしている小さな商店で、奥の居間の隣にご飯を食べられる座敷がありました。

ひょいとお店を覗くと、奥の居間にお客さんが来ているようです。

あゆみが入っていいものか躊躇していると、おばちゃんが声をかけてくれました。

「遠慮しないで、あがりなさい」

その日はたまたまおばちゃんの息子が婚約者を連れて挨拶に来ていたのです。あゆみが遠慮がちに居間のすぐ横のテーブルでご飯を食べていると、おばちゃんが話しかけてきました。

「どこから来たの？　一人なの？」

「愛知です」

「この時期に一人で来るなんてめずらしいね。どこに泊まっているの？」

いろいろ話し込んでいるうちに、あゆみはおばちゃんとすっかり仲良くなりました。

「今夜は地域の忘年会があるから、よかったらおいで」

「えー、私が行ってもいいんですか？」

「いいよ。あんたは、うちの娘だもの」

その夜、あゆみが会場に行くと、おばちゃんが目ざとくあゆみを見つけてくれました。

おばちゃんは「うちの娘」と言って、あゆみを紹介してくれました。

夫が亡くなってつらかったことや、はじめてのひとり旅で不安だったこと、海が綺麗で感動したことなど、あゆみは気がついたらおばちゃんたちに自分のことを話していました。どの人も親身になってあゆみの話を聴いてくれました。

こんなこともありました。島の南西部の犬田布岬に行ったときのことです。あゆみは誰もいない岬で号泣しました。泣いて、叫んで、地面を叩きました。洸一が亡くなってから、こんなに泣いたのははじめてです。

徳之島の自然はどこまでも穏やかでした。あゆみがどんなに号泣しても、海も、空も、大地も、森も、あゆみの感情をぜんぶ受け止めて吸収してくれました。

だから、どんどんあゆみの中の滞っていた喜怒哀楽、すべての感情が開いていったのかもしれません。

★原点　〜海が人生を教えてくれたこと

あゆみが徳之島から帰ってきてから3年あまりが経った頃、彼女から話を聞く機会がありました。目の前の彼女には、3年前に丸の内のカフェで会ったときのようなやつれた感じは微塵もありませんでした。

「ダイビングの練習ではじめて足の立たない深いところに行ったとき、すごく怖かったんです。怖いけど勇気を出してやってみたときに、いままで見たことがない感動の世界があったんです。まるで竜宮城だと思いました。私の知らない世界って、まだあるんだ。そのことに気がついて、また感動して、海の中で泣きました。海も、自然も、どんなに泣いてもぜんぶ吸収してくれるんです。すごく大きいものに包まれているみたいな感覚があって、たいしたことないよ、大丈夫だよって言われているみたいな気がして」

――自然の力にずいぶん救われた？

「はい。それがあったから、立ち直れているんだと思います。徳之島のあの経験はすごく大きかった。あの経験がいまに生きていて、前だったら怖いからやめようとか、どうせこうだからやめようというふうに、いろんなやらない理由を作って、結局何もしないということが多かったんです。いまはいろんなことに対して、とりあえずやってみようという自信みたいなものがあるんです。恐怖を越えたその先に美しい世界があるのを知っているから、とりあえずやってみようと」

――生きるスタンスが変わった？

「はい、変わりました。ダイビングの経験が自信になっていて、ブロックを外すとかそういうことじゃなくて、『怖い気持ち』のまま行けばいいという自分になれました。行きは何を見ても悲しくて、本当に悲しみしかなかったんです。でも徳之島で、生きる力をもらえた気がします。島で感じたのは、『お祝い・出発』でした。島の人や大自然から、『大丈夫、がんばれ！』って言われている気がしました。『次の素晴らしい世界が待っているよ』って言われているみたいで、すごく不思議でした」

愛知に戻ったあゆみは、翌年の5月には船舶免許を取得しました。

週に1回は海に行って、一人でサップに乗って沖に出て、誰もいない海の真ん中で泣いていたこともあります。マリーナに顔を出しているうちに、沖縄までクルーザーを回航する仕事で何日もかけて島々を巡ったこともありました。

「旅の中に人生が全部あったんです。突然海が荒れることもあって、でも嵐も大事で、待つことも大事。嵐が過ぎ去ったあとは、ただ静寂なんです。嵐があったからこそ、晴れた海はもう感動しかないんです」

それはごく一部の人しか経験できない貴重な船旅です。

けれど、「恐怖の先に感動があるのを知っているから、とりあえずやってみよう」というあゆみの生き方が自然に人を引き寄せ、道を開いたのでしょう。

「海の中って、呼吸に集中しているけど、同時に死と隣り合わせの感覚がけっこう究極ですよね。私ね、海で遊ぶようになってから、いつ死んでもいいように覚悟を持って海に行くようにしているんです。そういう覚悟で生きているというのかな。そんなふうに生きていると、厳しいけど、やさしい。人のあたたかさがよくわかる。

ねぇ、澄江さん。海って細胞が変わる気がしませんか？　サップをしてると、よくボードから落ちるんですけど、海に落ちるだけで大笑いできるんです。彼を失って、全部失ったと思っていたんです。だから、やさぐれて、誰とも会いたくなくて。その私が何かをやりたいと思えたことが奇跡。人が好きだなぁと思える自分になったことが奇跡。私にとって、徳之島での体験は人生の原点です。

そういえば、回航をしているときに屋久島に寄ったんですよ。そのとき同じ民宿に泊まったひとり旅の女の子と友達になったんです。彼女はすごく不安そうで、はじめてのひとり旅だなってすぐにわかりました。私もそうだったから。

一晩一緒にいて、いろんな話をして笑い転げました。彼女は別れるときはもう笑顔になっていて、『ひとり旅って、こんなに楽しいんですね』って言ったんですよ。彼女とはいまもつき合っていて、ときどき旅先からメールをくれるんです」

最愛の人を失った悲しみは消えることはないのかもしれません。けれど、いまのあゆみはそれも含めて、新しい道を歩き出しているように見えました。

――いま、しあわせ？

「しあわせです」

あゆみはにっこり笑ってそう言いました。その笑顔は、人生の痛みに真摯に向き合ってきた人だけが持つ限りない優しさに満ちていました。

第5章

身体感覚こそが心の変化の最大の鍵

～魔女の呪いを解除する方法Ⅲ～

心と身体はつながっている

あゆみの再生と自律のエピソードはいかがでしたか。

彼女が自然の力のもつ無条件の愛に癒されてゆく過程で、イメージではなく、実際に身体を動かして感じることが再生の鍵でした。

私たちの身体と心には、どのようなつながりがあるのでしょう。

この章では、「身体と心と神経系の関係」についてお話ししていきます。

★筋肉の動きには心の状態を表している

心と身体はつながっています。

例えば、悲しいときは涙が出たり、胸が締めつけられた経験は誰にでもあると思います。

怒りを感じているときは胃の辺りがもやもやと熱くなったり、拳に力が入ることもあります。

恐怖を感じているときは肩や胸に力が入ったり、思わず息が止まることもあります。

このように**思考と感情と身体は決して別々に動いているわけではなく、互いに連動して働いています。もっと正確に言うと、思考や感情が動くと、それに応じて必ず筋肉活動が起きます**。

先ほど「悲しいときは胸が締めつけられる」と書きましたが、悲しいと感じると大胸筋が収縮する結果、私たちは胸が締めつけられたように感じるのです。

あるいは言いたいことが言えないとき、喉に違和感を覚えたことはありませんか？

Ｂさんは都内の中小企業に勤める会社員です。仕事ができる上に協調性があるので職場では頼りにされており、急ぎの仕事が回ってくることも珍しくありません。

「申し訳ないが、明日までに頼むよ」

上司にそう言われると、内心では（えー、私だって忙しいのに）と思いながらも、Ｂさんは二つ返事で仕事を引き受けてしまいます。

またつい先日、楽しみにしていた旅行が友人の一方的な理由で中止になったのですが、そんなときもＢさんは「いいよ。気にしないで」と言ってしまいました。内心では友人の身勝手さに腹を立てていたのですが、それを口にする勇気はなかったのです。

最近、Ｂさんは喉の辺りに違和感があることに気がつきました。

実は、Ｂさんは上司と友人に対して怒りを感じていましたが、それを表現してはいけないと思い込んでいます。そのため怒りの兆候に気づいた瞬間、口に出すのを抑え込もうとする意志が働き、喉の筋肉が収縮します。Ｂさんはそれを違和感ととらえていたのです。

★大胸筋が自由になって憂鬱な気分が解消したＣ子さん

Ｃ子さんはフリーランスの仕事をしているのですが、憂鬱な気分になりやすいのが悩みの種でした。自分の心の動きを感じて癒す方法も実践していますが、そもそも憂鬱な気分になると、気持ちに意識を向けること自体が苦しくてできないのです。

そこでＣ子さんはある時期からフェルデンクライス・メソッドのレッスンを受けるようになりました。

フェルデンクライス・メソッドとは、運動機能を改善することによって自己イメージを変えていく身体技法で、ダンサーやアスリートのパフォーマンスの向上はもちろん、介護の現場や日常的な身体の使い方を改善する方法としても幅広く使われています。

Ｃ子さんが憂鬱な気分になるときは、どんな身体症状が出るのか訊いてみました。すると、「まず胸がきゅーっと締めつけられるように重くなって、それを合図にどんどん憂鬱で悲しい気持ちになる」というのです。

憂鬱になる最初のシグナルは、大胸筋の収縮だということがわかってきました。

レッスンの細かな内容はその時々で違いますが、地道にレッスンを続けているうちに、Ｃ子さんは胸骨と肋骨が自由に動くようになって、理由もないのに突然大胸筋が重く締めつけられる回数が減りました。

また嫌なことがあって気持ちが暗くなっても、その気持ちに飲み込まれることなく、適切に処理することができるようになりました。

このように、気持ちや考え方、その奥にある魔女の呪いを改善するには、直接メンタルにアプローチする心理療法やコーチング以外にもさまざまな方法があります。

とりわけ運動面からのアプローチは、使い方によっては大きな効果を生み出します。

筋肉の動きは神経系の状態を反映する

★ 神経系と筋肉のつながり

ここで神経系と筋肉のつながりについて、簡単にお話ししましょう。

胸が重たくなったり、喉に違和感を覚えたり、緊張して身体が固くなるのはいずれも筋肉活動の結果です。

私たちの筋肉に「収縮せよ」と指令を出しているのが中枢神経系です。

中枢神経系は脳と脊髄からなります。姿勢や顔の表情、音声、歩く、走る、ボールを投げるといった様々な動きは、すべて神経系の指令が筋肉に届けられることで起きます。

運動を司るのは脳の運動皮質ですが、運動皮質が単独で存在しているわけではありません。

五感や記憶庫に貯蔵された膨大な知識と経験、感情や思考、これらの情報を総動員して設定された目的が運動皮質に伝達され、運動皮質は目的遂行に最適な指令を筋肉に伝えます。このプロセスを通ってはじめて筋肉が動きます。

第2章でお伝えした「反応式」を思い出してみてください。

ある出来事から始まった反応は多くの場合、自動思考を通り、感情を生み出し、最終的に行動となります。行動とは表情、音声、身体を動かすための筋肉活動のことです。

出来事　＋　考え方　↓　感情　↓　行動（筋肉の動き）

私たちは出来事に合わせていくつかのパターン化された反応式を持っていて、それはいざというときにすぐさま対処できるように神経系にストックされています。

★筋肉は30年前の事故を記憶していた

数年前、私がフェルデンクライス・プラクティショナーになるためのトレーニングを受けていたときの話です。

フェルデンクライス・メソッドには、「動きによる意識の拡大」と「機能的統合」という2つのレッスンがありますが、その日は「機能的統合」の個人レッスンを受けていました。

私の鎖骨の状態を確かめていた先生の手が、鎖骨の右側の肩に近い位置でピタっと止まりました。

「ここ、過去に怪我をしたことがある？」

そう訊かれて、ドキッとしました。実は21歳のときにモトクロスレース中にジャンプの着地に失敗して鎖骨を折ったことがあったのです。もう30年以上も前の話なので、すっかり忘れていました。

「どうしてわかるんですか？」

先生は「うふふ」と笑っただけで、それには答えず、私の胸骨を小さく動かしていきました。強張っていた胸骨や肋骨まわりの筋肉がゆるみ、すっと胸が軽くなりました。

それまでは特別、胸が重いという感覚はありませんでした。ところが胸が軽いという感覚を味わったことによって、実はずっと胸が重たかったことにはじめて気がついたのです。

★筋肉の動きを通して神経系にアプローチする

「筋肉は過去の恐怖を覚えている」という事実は衝撃でした。

いまでもそのときのことをよく覚えています。

当時はオートバイで峠を走るのがとにかく面白くて、暇さえあれば走っていました。

でも鈍くさいというか、ぜんぜん速く走れなくて、ずいぶん悔しい思いもしましたし、自分のセンスと技術のなさを痛感することもよくありました。

あるとき、たまたま峠で見かけたオフロードバイクがとにかく速くて、他のレーサーレプリカをコーナーで軽く追い抜いていきました。それまでオフロードバイクがカッコいいと思ったことは一度もなかったのですが、欧米のレーサーはオフロード出身者も多いという話を思い出して、自分もやってみようと思ったのです。

さっそく中古の50ccのオフロードバイクを手に入れて、とりあえずタイヤだけ交換して奥多摩の林道を走るようになりました。

そのうちモトクロスレースをやりたくなったのですが、さすがにモトクロッサーを買うお金はないし、トランスポーターも持っていません。どうしようか思案していたら、一般のオフロード車で参加できる草レースを見つけたので、すぐに参加を申込みました。

当日、わくわくしながら会場に行くと、周りはモトクロッサーばかりで市販車は私だけという状況に愕然としました。市販車とモトクロッサーではパワーがまったく違うので勝負にならないのです。

やっぱり参戦しないで帰ろうかと思っていたら、「参加者には福本選手からアドバイスがあります」という放送が入りました。福本敏夫選手は全日本モトクロス選手権で優勝したこともあるライダーで、私には憧れのスターだったのです。

「アドバイスがもらえるなら」と思って、レースに出ました。

レースが始まったら面白くて夢中でした。ジャンプ台で思いっきりアクセルを空けたら、いままでいちばん高くジャンプできたのですが、着地に失敗。バイクから投げ出された瞬間、私はとっさに衝撃に備えて筋肉を固めて身体を丸めました。次の瞬間、地面に叩きつけられた衝撃が全身に響きました。

そのとき感じた強い恐怖と「大胸筋を固めろ」という指令がセットになって、神経系に記憶されていたのです。

怪我自体はとっくに完治していたにもかかわらず、神経系に刻まれた危険を示すアラームが30年間鳴りっぱなしだったのです。このアラームは明らかに誤作動ですが、筋肉は神経系に忠実です。そのため30年もの間、私の胸と鎖骨周りの筋肉は収縮したままだったわけです。


フェルデンクライスの個人レッスンのあと、大胸筋が緩み、肋骨や鎖骨が本来の動きを取り戻したことによって、結果的に胸の重さがなくなって気分も軽くなりました。

運動を通して神経系に筋肉の違う使い方があるという情報を伝えることで、神経系に刻まれた習慣的なパターンが壊れてアラームが止まり、神経系が新しいパターンを学習したのです。

面白いのは、筋肉の動きが変わることで神経系の状態が変わり、無意識レベルで固着していた恐怖という感情が消えたことです。

神経系の状態は筋肉に反映されますが、その逆も然りで、筋肉の動きを通して神経系にアプローチすることも可能なわけです。

過剰な「存在するな」を解除するには、このシステムを応用します。

身体感覚の変化が心の変化を引き起こす

★魔女の呪いは筋肉に反映される

どのような感情も思い込みも、すべて神経系から伝わる指令と、その結果としての筋肉の動きに反映されます。それは魔女の呪いも例外ではありません。

魔女の呪いは自動思考となり、あまり楽しくない感情を作り出し、私たちの表情や音声や姿勢やあらゆる動きを生み出す筋肉活動を支配します。魔女の呪いは、私たちが自由な感情や考えを持つのを制限し、恐怖によって私たちの人生を支配します。

幸か不幸か、私たちは「慣れ」という能力を持っています。

日常的な恐怖や不自由さが続いても、それがいますぐ生存を脅かすほど危険なものでない限り、ほとんどの人はその状態に慣れてしまいます。

もちろん、恐怖や不自由さが消えたわけではないので、バックグラウンドでは筋肉を固めろという信号が神経系から発信され続けています。

それは精神面では生きづらさとして、肉体面では無気力を引き起こすような重さやだるさ、快適でない体感覚という身体症状として現れます。


私たちの身体が記憶するのは、魔女の呪いのように不快なものだけではありません。

例えば、大好きな人の顔を思い浮かべると胸があたたかくなったり、自然に笑みが浮かんでしまったことはありませんか？　あるいは大好きな場所を思い浮かべると、気持ちが穏やかになって身体も心なしか軽くなったように感じたことはありませんか？

私たちが何かを記憶するときは、そのときに感じた気持ちや考えた事柄、風景や音や匂いといった五感と筋肉の状態を〝ひとつのパッケージ〟として神経系にストックします。

それが強い感情を伴った記憶の場合は、それを思い出すたびに五感や筋肉活動まで再現されることが多々あります。

★頭の位置が定位置に乗れば、一瞬で悟りの境地に

私がはじめてフェルデンクライス・メソッドのレッスンを受けたときのことです。

その頃、定期的に心理学のクラスを開催していたのですが、あるとき一人の生徒さんからフェルデンクライス・メソッドの個人レッスンの無料体験チケットをもらいました。

当時、その生徒さんはダンスの基礎トレーニングの一環で定期的にフェルデンクライス・メソッドの個人レッスンを受けていて、たまたまキャンペーンで無料チケットをもらい、私に譲ってくださったのです。

私はさっそくフェルデンクライス・メソッドの個人レッスンを受けてみました。

40分のレッスンが終わって立ち上がった瞬間、思わず「あっ！」と、声をあげました。上半身がまるで羽根のように軽かったのです。

この感覚は、瞑想や祈りのときに宇宙と合一《ごういつ》する、いわゆる「三昧《さんまい》（仏教用語で、心をひとつのことに集中させて安定した精神状態になること）」の状態になったときの体感覚と同じでした。

その理由はすぐわかりました。

背骨の上に乗っている頭の位置が、ベストポジションだったのです。

例えば、頭の位置が前寄りの場合、極端にいうと猫背のような姿勢になるので、肩が凝って胸の筋肉が収縮して圧迫された状態になります。

ところがレッスンが終わって立ち上がってみると、背骨に乗っている頭の位置が前でも後ろでもなく、いちばん自然なポジションだったのです。

これは筋肉が新しい使い方を学んだことによって、神経系の状態が変わったということです。神経系の状態が変われば、気持ちや感覚にも変化が出てきます。

瞑想でこの精神状態に到達するには長い年月がかかります。

それがたったの40分！

このとき私は、運動が魔女の呪いを解くための大きな助けになることを理解しました。

次章では、その具体的な実践方法をお話ししましょう。

第6章

実践！
呪いを解除する7日間レッスン

～魔女の呪いを解除するⅣ～

[レッスンの取り組み方]

この章では「存在するな」を解除するための実践的な方法を紹介します。

実践編は5日間の自宅レッスンと、2日間のアウトドアレッスンに分かれています。

自宅編の最初の4日間は、10〜15分ほど時間をとって、のんびり取り組むのが効果的です。

5日目の「丹田を作る3呼吸レッスン」は最短で12秒、ちょっと長めな呼吸で20秒。本書を読みながら一つひとつ確認しながら取り組むと、最初は3分くらいかかるかもしれませんが、自宅レッスンだけでも効果がありますので何回でもトライしてみてください。テニスやサッカーの練習と同じで、毎日地道にレッスンを続けていくことで着実に効果が出てきます。

6日目と7日目はアウトドア編です。

7日間と書きましたが、アウトドア編はご都合のいいタイミングに、ぜひトライしてみてくださいね。

【自宅レッスンのポイント】

さらにこの章では、具体的なレッスン方法も紹介していきます。
自宅レッスンを実践するにあたっては、3つのポイントがあります。

1．筋肉や骨の動きに意識を向ける
2．ゆっくり動かす
3．自分の身体の声に耳を傾ける

★**ポイント1．筋肉や骨の動きに意識を向ける**

本書のレッスンの目的は筋トレではありません。これまでとは違うパターンを神経系に開発してもらうことが目的です。
そのために神経系は新しい情報を必要としています。動くときに自分の筋肉や骨の動きを意識して感じることで、神経系が変化していきます。

★ポイント2．ゆっくり動かす

ゆっくり動かすと、自分がどのように身体を使っているのか気づきやすくなります。「筋肉と骨の動きを感じること」に焦点を当ててください。

最初は自分の身体の動きに意識を向けることに慣れていないため、身体の中で骨や筋肉がどう動いているのか感じにくいと思います。最初は誰でもそうなので気楽にやってみてください。

★ポイント3．自分の身体の声に耳を傾ける

赤ちゃんが寝返りを打てるようになって、ハイハイするプロセスをみると面白いことがわかります。

赤ちゃんは努力するという意識はありません。当然、寝返りの練習をしているという意識もないのです。自分の周囲に興味を持ちはじめた赤ちゃんは、目に見えるものを触ってみたくて仕方がありません。試行錯誤を繰り返しているうちにだんだん神経系が発達していって、やがて上手に身体を動かせるようになります。そしてある日突然、寝返

りを打てるようになるわけです。

この一連の赤ちゃんの発達の原動力は「好奇心」です。

好奇心を満たすことが赤ちゃんにとっては「快」なのです。人間の脳は「心地いい」「楽しい」と感じるときに発達するようにできています。

私たち大人も興味のあることはすぐ覚えますが、興味のない知識はなかなか頭に入らなくて苦労します。また最初は興味があって面白いと感じていてもだんだん疲れて飽きてくると、途端に効率が下がります。

レッスンも好奇心と集中力が保てる範囲でやることが大事です。**一つひとつの動作を丁寧にやりながら、もう疲れたと身体が感じていたら、その声を尊重してください。**

もしも身体を動かしているときに痛みを感じたら、痛くない動かし方を探ってみてください。あるいは痛みが出る手前でやめてください。

では、はじめていきましょう。

【1日目】自宅レッスン1：横隔膜を使いこなす

座禅や瞑想など、精神を安定させるための伝統的な方法は、どれも呼吸のコントロールを主軸にしています。呼吸が感情や身体の状態を反映するからです。

誰でも恐怖や驚きを感じたときに思わず呼吸が止まったり、緊張のあまり息苦しくなった経験があると思います。感情と連動して呼吸の状態は大きく変わるのです。

呼吸とは「横隔膜と肋骨を使った伸縮運動」です。

肺は胸郭に包まれており、肺そのものに自分で伸縮する力はありません。

息を吸うと、横隔膜が収縮して胸郭が広がって胸腔内が陰圧になるため、ゴム風船のように膨らんだ肺に空気が入ってきます。吐くときは横隔膜や肋間筋が弛緩するため、肺は空気を押し出しながら、もとの大きさに戻ります。

横隔膜を柔軟に動かすことができれば呼吸の自由度が上がり、体軸も安定します。

レッスン1では、横隔膜を柔らかく使いこなす練習をしてみましょう。

①手足を伸ばして仰向けに寝ます。

②しばらく自分の自然な呼吸を感じてみます。呼吸は鼻から吸って、鼻から出します。

③鼻から吸った空気が鼻腔を通り、気道を通り、右側の気管支を通り、右の肺に広がっていくのをイメージしてください。右側だけをイメージします。深呼吸ではなく、自然な呼吸で大丈夫です。

④今度はイメージの中で、右側の肺を六等分して順番に空気を送り込んでいきます。前面は上から三等分、背面も上から三等分します。まず右の肺の前面の上部に送ってあげてください。鎖骨の際まで、隅々まで送ります。空気を送った部分が膨らむのを感じてください。10呼吸ほどやってみてください。

⑤次は、右の肺の前面の中間部分にも空気を送ります。掌で触ると、肋骨が少し広がっていくのがわかると思います。（10呼吸）

⑥さらに右肺の前面の下部に空気を送ります。肋骨の下側から脇腹辺りまで送ってあげてください。掌で触ると、右側のわき腹が膨らむのがわかります。（10呼吸）

⑦右の肺の背面の上部に空気を送ってみてください。（10呼吸）

⑧右の肺の背面の中間部分に空気を送ってください。（10呼吸）

⑨右の肺の背面の下部に空気を送ってみてください。（10呼吸）

⑩普通の呼吸に戻ってください。レッスンをする前と後では何か違いがありますか？

右側だけレッスンをしたので、左右差を感じる人が多いかもしれません。

⑪ゆっくりと横向きになって、いったん座ってから、ゆっくり立ち上がってください。立った感じを確かめてから、歩いてみてください。

⑫左右差が気持ち悪いと思うので、④から⑨までを左側でもやってみてください。時間が経つと、右側で学んだことが左側にコピーされるので、回数は各2回くらいずつで大丈夫です。

はじめてこのレッスンをするときは20分くらいかかるかもしれませんが、慣れたら呼吸の回数を3回くらいまで減らして、自分のペースで行っても大丈夫です。

【2日目】自宅レッスン2：呼吸を止めてしまう自分のパターンに気づく

私たちは恐怖を感じているときや自信がないとき、驚いたときに、しばしば呼吸を止めます。呼吸を止めて身体を固めることによって、危険から身を守ろうとするためです。

また、集中しているときや努力が必要な物事に取り組むときも呼吸を止める傾向があります。恐怖や驚きによって自然に呼吸を止めるのは自然な反応ですが、現代人は呼吸を止める必要がない場面でも習慣的に呼吸を止める傾向があると言われています。

呼吸を止めると身体のあちこちに余分な力が入り、身体のバランスが取りづらくなります。こうした習慣は心身の不調を引き起こしやすくなります。

レッスン2では、自分がどんなときに呼吸を止めやすいのか、また呼吸を止めるときに身体のどこに力を入れているのかを探ってみましょう。

①仰向けに寝て、自分の呼吸のリズムに注意を払ってください。鼻の穴に空気が入る感触はどうですか？ 温度変化はありますか？ 左右どちらの鼻で吸っていますか？ それとも両方を使って同じように吸っていますか？ 吸うときと吐くときの呼吸の長さはどうですか？ 胸やお腹の動きはどうですか？ しばらく観察してみてください。

②1秒でいいので、呼吸を止めてください。そして解放して、普通の呼吸に戻ってください。吸ったあとか、吐いたあとか、吸っている途中か、吐いている途中か、どのタイミングで呼吸を止めていますか？ 呼吸を止めるときは身体のどこに力が入っていますか？ 解放するとどこが緩みますか？ 首、胸、お腹、背中、それとも、それ以外のどこかですか？

③うつ伏せになって、②と同じように1秒だけ呼吸を止めてみましょう。止めるとき

は身体のどこに力が入っていますか？　呼吸と直接関係がない場所に力が入っているとしたら、その力を抜いても呼吸を止めることはできますか？

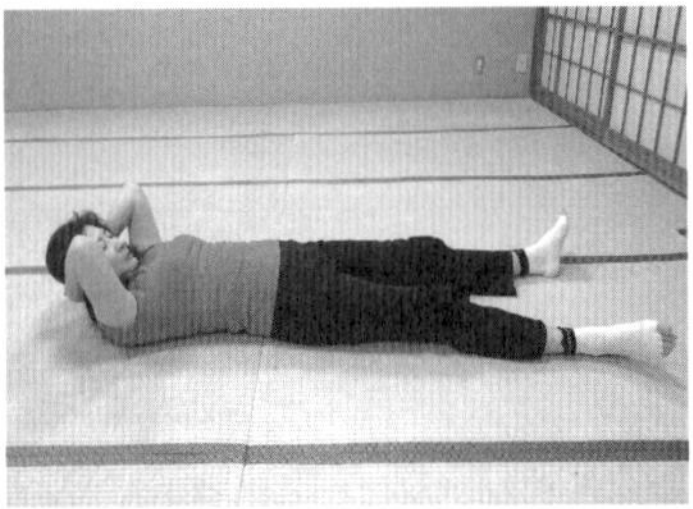

④仰向けになってください。自然な呼吸をしてみてください。

⑤仰向けの状態で、頭の後ろで両手の指を組んで、手の助けを借りて頭を持ち上げてみてください。頭を持ち上げるときは吸っていますか？　吐いていますか？　呼吸を邪魔しない自然なリズムを探して、何回か頭を持ち上げては下ろしてみてください。

⑥仰向けのまま休んでください。自分のいまの呼吸を感じてみてください。

⑦立ち上がって歩いてください。その際、5秒ほど呼吸を止めては解放するという作業を何回かやってみてください。呼吸を止めて歩いているときの身体の状態を感じてください。自然に呼吸しているときの身体の状態との違いはありますか？　胸の動きはどうですか？

「自分が毎日の生活の中でどんなときに呼吸を止めているのか」に気づくのがこのレッスンの目的です。

定期的にやる必要はありませんが、自分の日頃のクセに気づくきっかけになるので、時々やってみてください。気づくことでたくさんの情報が神経系にもたらされます。

【3日目】自宅レッスン3：マインドフルな内部感覚を育てる

このレッスンでは、次の2つのことを学びます。

・いま自分が何をしているのかに気づくための内部感覚を育てる
・自分のいまの状態を批判せずに、ありのまま受け入れる

★内部感覚を育てる

いま自分が何をしているのかに気づくのは、実は簡単ではありません。

例えば、私たちは自分がどのように骨と筋肉を使って歩いているのか理解していません。私たちの神経系はものすごく優秀なので、その仕組みを理解していなくても歩くことができるのです。

このレッスンでは、自分がいまどのように筋肉を使っているのか、どこに余分な力を入れて筋肉を固めているのか、静かに横になった状態で感じていきます。**レッスンを通して、自分の筋肉と骨を感じる力、観察する力を育てます。**

★ありのままの自分を受け入れる

次に、**自分のいまの筋肉と骨の状態に対して「いまは、そのような状態なんだな」と現状を直したりせずに、まず受け入れてください。**

私たちは常にお手本を真似て、正解を見つけるという教育を受けてきたので、自分の身体の状態や動きが正解なのか、間違っているのか、ついジャッジしたくなります。

ですが、万人向けの正解はありません。

身長・体重・筋肉の量や骨の太さ、現在の運動機能の状態は一人ひとりまったく違うので、最高のパフォーマンスを出すための身体の使い方も一人ひとりで違うからです。

私たちにできるのは、興味と好奇心を持って、いまの自分の身体の状態を感じて、受け入れてみることです。すると私たちの中でその情報は重要な情報として神経系にストックされます。

私たちの神経系には自ら学べる学習機能が備わっています。好奇心を持って取り組めば、やがて内部感覚が育ち、醒めた意識が育ち、単なる身体の使い方の改善以上の成果を生み出すでしょう。

最初の一歩は地道なレッスンからです。

このレッスンは寝る前にやると心地よい眠りにつけます。

また今の自分の身体の状態がわかるので、レッスン1やレッスン4の前にやるのも効果的です。

①仰向けに寝てください。

②頭をそっと、ゆっくり、左右に1往復だけ転がしてみてください。ただし、楽な範囲で、優しく、優しくですよ。

③つま先から頭まで順番に感じていきましょう。いま両足のつま先はどの方向に向い

ていますか？　右足と左足は違うことがよくあります。目で見るのではなく、感じてみてください。

④かかとはどの部分が床に接していますか？

⑤ふくらはぎはどの辺りがいちばん床に接していますか？

⑥太ももはどうですか？

⑦お尻（骨盤）はどうですか？　右側、左側、どちらが、より床に接していますか？

⑧ウエストの後ろはどうでしょう？　床からわずかに浮き上がっているかもしれません。浮き上がっているとしたら、アリが通れるくらい？　それともバッタが通れるくらい？

⑨背中全体はどうですか？　どの辺りがいちばん床に接していますか？

⑩肩甲骨の存在は感じますか？

⑪背骨の存在は感じますか？

⑫両肩はどうですか？　どちらがより床から浮き上がっていますか？

⑬両腕はどうでしょう？　胴体からどのくらい離れて床に置かれていますか？　掌は床か、天上か、胴体か、どこに向いていますか？

⑭首はどうでしょう？

⑮頭はどうですか?　どの辺りが床に接していますか?

⑯呼吸を感じてみてください。胸が動いていますか?　お腹が動いていますか?

⑰最後にもう一度、頭を1往復だけゆっくりと左右に転がしてみてください。優しく、そっとですよ。最初と何か違いがありますか?　あるかもしれないし、ないかもしれません。ただ感じてみてください。

いまこの瞬間の自分の身体の状態を感じて、ありのまま受け入れることができましたか?

人によっては、できない自分や完璧でない自分を否定したい気持ちが出てくることがあります。それは自分の一部(サブパーソナリティ)であって、その気持ち=自分ではありません。

そんな気持ちが出てきたら優しい目(セルフの視点です)で見てあげてくださいね。

そして、あまり気にしないようにしてください。

【4日目】自宅レッスン4：体軸を整える

いまこの瞬間、自分はどの筋肉を動かしているのか？

レッスン4では、簡単な動作をしながら筋肉と骨の動きを感じる練習をします。

繰り返しになりますが、本書のレッスンの目的は筋トレではなく、自分の身体の内部で起きている動きを感じることで神経系の変容を促し、体軸を整えることです。

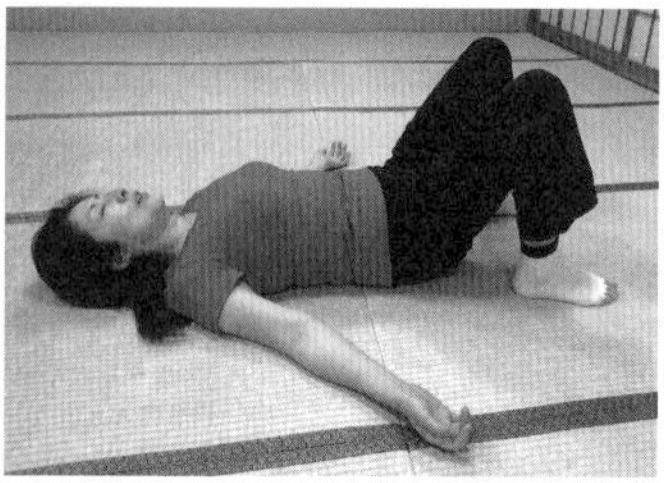

①仰向けに寝て、腰幅で両膝を立てます。つま先は、できれば平行になるようにしてください。床に対して脛が垂直になるように立てると、余分な力を使わずに膝を立てることができます

②自転車のペダルを踏み込むような気持ちで、右の足裏でそっと床を踏んでください。これを5回繰り返します。踏み込んだ側（右側）の骨盤がほんの少し浮き上がり、背中の左側が床に押しつけられるのを感じてください。頭が小さく動くのを感じますか？

③終わったら、こんどは左の足裏で、先ほどと同じ要領でそっと床を踏んでください（5回繰り返す）。骨盤や背中、頭の動きはどうですか？　右足のときと感じ方に違いがあるかもしれません。

④右と左の足裏で交互に床を踏んでください。片足の動きが完全に終わってからもう片方の足で床を踏むというように、一つひとつの動作を完了させてから次の動作に移ります。背中や骨盤、頭の動きはどうですか？　床に重さがかかる部分が移動するのがわかりますか？　肩甲骨では何か感じますか？　腰の力は抜けていますか？　顔に力が入っていませんか？　身体のあちこちに余分な力が入っていませんか？

⑤足を伸ばして、仰向けで休憩します。

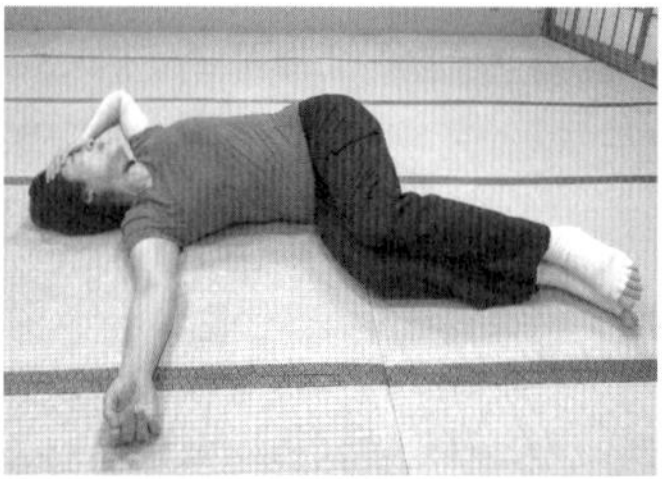

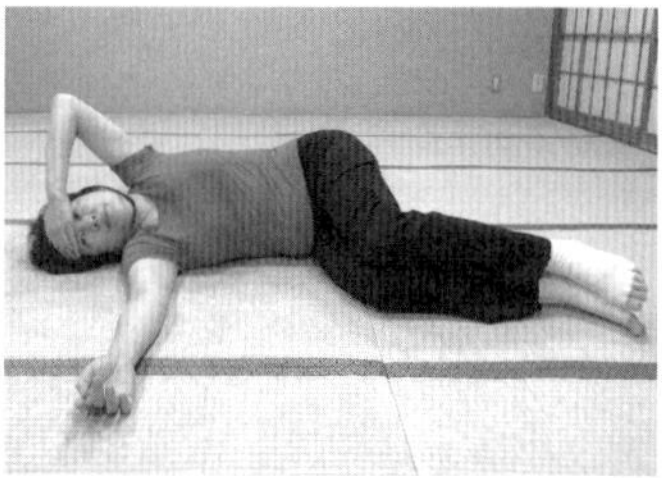

⑥右側を下に横向きになってください。足はそろえて、腰と太ももの角度は１００度くらい、膝の角度は90度くらいが楽です。熱を測るときにように、左の掌を額に当てます。このとき、左肘は天井のほうに向いています。

この状態から少しだけ鼻が天井に向くように、手でそっと、優しく頭を転がします。首が痛い人は無理のない範囲で転がしてください。首はデリケートなので、優しく、ゆっくり、丁寧に。そして、頭をもとの位置に戻します。これを2回だけ行います。このとき肋骨と鎖骨の動きを感じてみてください。

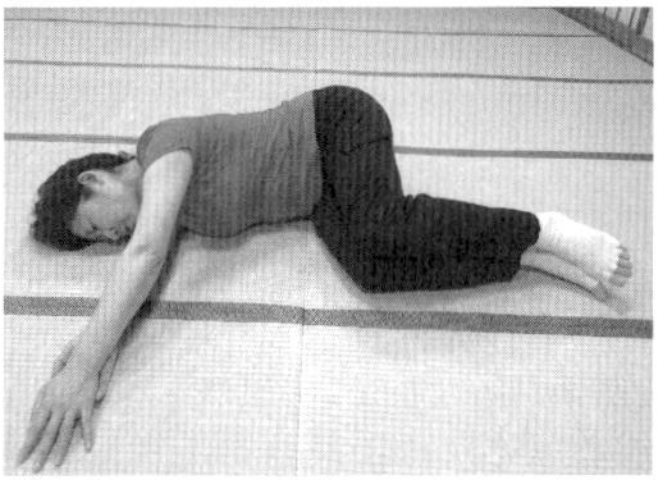
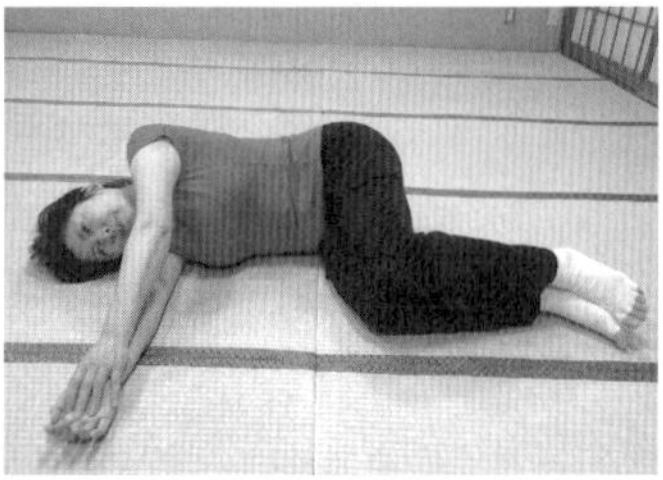

⑦左側を下にして、⑥の要領でやってみましょう。

⑧⑥と同じように右側を下にして横向きになったまま、右手を楽に前方に伸ばし、右の掌の上に左の掌を重ねます。

この状態から掌を楽な範囲で前方に滑らせては戻す動きを3回だけ行ってください。肩甲骨の動きを感じますか？

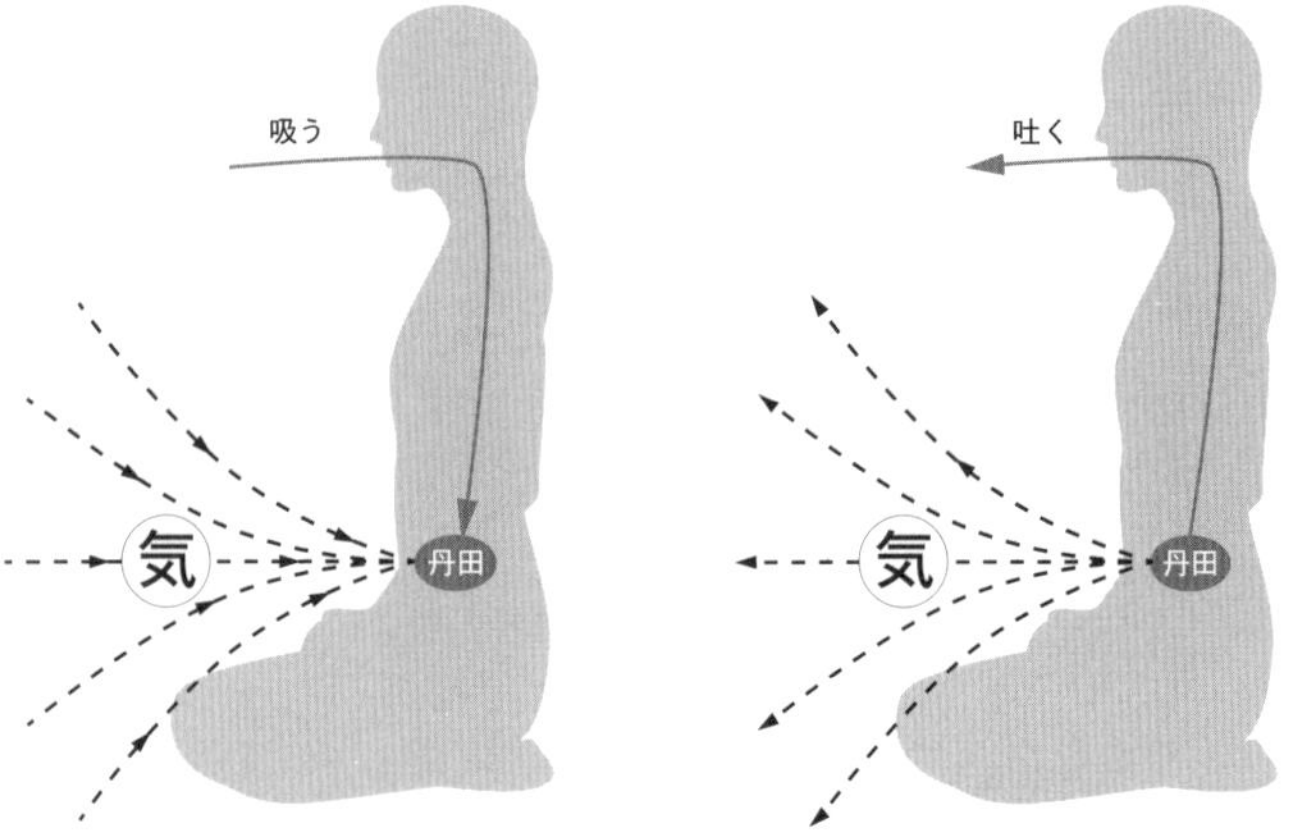

丹田を作る呼吸

⑨左側を下にして、⑧と同じ要領でやってみましょう。

⑩立ち上がって、立った感じを確かめてみてください。

［5日目］自宅レッスン5：1回20秒　丹田を作る3呼吸レッスン

5日目は、シンプルに呼吸のレッスンです。

①椅子に座るか、畳や床に楽に座ります。

②手は親指と人差し指をつけて印を結んでもいいし、膝の上に重ねてもかまいません。

③丹田を意識します。丹田はおへそからだいたい指3本分くらい下で、背中とお腹の中間くらいの位置です。そこにテニスボール

くらいの玉があると思ってください。

④鼻から息を吸います。このとき自然界に満ち溢れている「気」を丹田で吸い込みます。次に鼻から息を吐きます。このとき、自分の身体の中でさらに美しい気となったものが丹田から出ていくイメージです。このとき、空気は鼻を通して出入りしているのですが、「気」は丹田から入って、さらに美しく力強い気となって丹田から出ていくイメージです。あなたが呼吸するたびに、この世界は美しく、力強くなっていきます。

これで1呼吸です。これを毎日、朝起きたときに3呼吸やってみてください。

いかがでしたか？　たった3呼吸なので、12秒もかからないかもしれません。

慣れてきたら自然に1呼吸にかかる秒数が伸びていきますが、無理して伸ばす必要はありません。この3呼吸の間だけ集中してみてください。

もしも、呼吸の途中でいわゆる雑念とでもいいますか、余計なことを考えていることに気がついたら、それを打ち消す必要はありません。打ち消すことに余計なエネルギーを使わずに、気がついたら素直に呼吸に戻れば大丈夫です。

気持ちがどこかに逸れていたら何度でも呼吸に戻る、それだけでＯＫです。

雑念に気づくことは、自分が何をしているのか客観的に観ることができるということとです。もっと正確に言うと、自分のサブパーソナリティを観るセルフの視点が持てているということです。

雑念に気づいたら呼吸に戻る、たったそれだけの作業ですが、実はセルフを育てる上で大きな力になります。まさに雑念の効用です。

もしもレッスン中に雑念が出てきて集中できない場合は、セルフを育てるために雑念が協力してくれているのだと思ってください。そう考えると、雑念も捨てたものではないと思えるはずです。

大事なことをひとつ書き忘れていました。

これは5日目のレッスンですが、3呼吸の丹田レッスンを3ヶ月、半年、1年と続けていくと、集中力がついていて、少しずつ丹田もできていきます。

このレッスンはぜひ毎日続けてみてください。

【6日目】アウトドアレッスン1：象徴の力を使った海辺のレッスン

いよいよここからはアウトドアでのレッスンです。

自宅レッスンで身体感覚を磨いたところで、さっそく海に行ってみましょう。この日は波打ち際で、足の裏を水につける程度なので普段着で大丈夫です。

ご近所の海でもいいし、ちょっと遠出してもいいですね。

場所を選ぶポイントは、波が穏やかで、気持ちがいいと感じられるビーチがおすすめです。東京から日帰りの範囲だと、三浦半島の葉山の一色海岸や森戸海岸辺りはおしゃれなカフェもあるし、風光明媚な土地なので、いるだけで癒されます。

東京以外の日帰りポイントはあまり詳しくないのですが、身近な場所を探してみてくださいね。

★ビーチウォーク

まず海に着いたら、ビーチ全体を見渡してみましょう。

心惹かれる場所や気になる場所があればそこに行ってみてもいいし、手荷物が邪魔ならレジャーシートを敷いて、その上に貴重品以外の手荷物を置いて身軽になってもいいですね。

身軽になったら、重たい靴は脱ぎ捨てて素足になってみましょう。

足の裏に触れる砂の感触を感じますか?
その場に立ったまま、目を閉じてみましょう。
何が聴こえますか?
風の音。
寄せては返す波の音。
頭上のカモメの鳴き声。
砂浜を移動するヤドカリの足音。
サップで遊ぶ若者の声。
船の汽笛。
何を感じますか?
頬を撫でる風の感触?
足の裏の砂の感触?
思いがけない日差しのあたたかさ?

さぁ、目をあけて、砂浜を歩いてみましょう。
どんな感触ですか?

歩くたびに足が砂に埋もれてバランスが微妙に崩れる感触や目に映る海の青さ、海を渡る潮風や波の音、砂と水と日差しの匂い、海鳥の声、砂浜を散策する人たちの笑い声、たくさんの情報が入ってきます。

五感でキャッチする風景や音、匂いを楽しんでください。好奇心が羅針盤です。

歩き疲れたら、自分の場所に座って、のんびり海を眺めながら水分補給をしてください。

そして、丹田を意識して3呼吸してみてください。

野外でやると、気持ちがいいですよ。

★海から宝物を持ち帰る

素足で砂浜を歩いて、自然と自分との距離が近くなったところで、海水に触れてみましょう。**海に触れる目的は、凝縮版ヒーローズジャーニーを体験して、無意識の象徴である海から宝物を持ち帰ること**です。

実際には海水を掌ですくうだけです。けれど**一連の動作をすることで、「宝物を持ち帰り、それを人生に活かせ」というメッセージがあなたの無意識に届きます。**

原始的で、時には人生を変えてしまうほどの力を持つ無意識は、身体感覚に基づいたイメージや物語が大好きです。大魔女も白魔女も、それ以外の個性的なサブパーソナリティたちも、素直にあなたからのメッセージを受け取ってくれます。

それでは素足で波打ち際の安全なところにしゃがんで、掌で海水に触れてください。

そして、宝物を受け取る気持ちで、打ち寄せてきた海水を両手ですくってください。海水は指の間からこぼれていってしまいますが、それでいいのです。

これであなたは、あなたの無意識からの宝物を受け取りました。

海と空と大地と、すべてに感謝して、私たちの世界に戻りましょう。

【7日目】アウトドアレッスン2：海に入って初速を上げよう

では、いよいよマスクとシュノーケルをつけて海に入ってみましょう。

ただし、ここからは専門のインストラクターと一緒に海に入るのが原則です。

★海遊びの基礎知識

海遊びには大きく「シュノーケリング」「スキンダイビング（素潜り）」「スクーバダイビング」の3つがあります。

シュノーケリングは、マスクとシュノーケルとフィンをつけて、ウェットスーツを着て海に入り、水面に浮かんで魚を観る遊びのことです。何の資格もいりませんし、やろうと思えば誰でも簡単にはじめられます。海水浴場でシュノーケルをつけて遊んでいる人たちがいることに気がつくかもしれません。

シュノーケリングに似ていますが、マスクとシュノーケルとフィンをつけて、息を止めて海に潜るのはスキンダイビング、もしくは素潜りと呼びます。

一方、背中にタンクを背負って海の中に潜るのはスクーバダイビングと呼びます。スクーバダイビングは専門の知識と技術を学んで、Cカードと呼ばれる認定証をもらってはじめて安全に潜ることができます。

今回、あなたにおすすめするのは、いちばん簡単なシュノーケリングです。

ただし手軽な反面、初心者が一人で遊ぶのは危険です。

海の傍にあるダイビングショップでは、レンタル料金込みで1時間1万円前後でシュノーケリングの体験ができるところが多いので、興味がある方は最寄りのダイビングショップに問い合わせてみてください。

★無条件の愛を感じるための条件

いくつかの条件を満たせば、海で遊ぶことで「存在するな」が解除されます。
また「存在するな」以外の魔女の呪いを解除するための初速がぐっと上がります。
その条件は、以下の3つです。

〈1.安全であること〉

波が穏やかで、安全に遊べる環境であること。急に深くなっていたり、潮の流れが速いところは危険です。穏やかな湾内やそれに類する場所で遊ぶのが原則です。

誰と行くかも重要です。海のことをよく知っていて、初心者の気持ちを考慮した上で不安を取り除き、技術的なことも教えられる専門家を選びましょう。

使用するマスク、シュノーケル、フィンがきちんと手入れされていること、身体に合っていることも重要です。

〈2.透明できれいな海〉

これも外せない条件です。無条件の愛を身体で感じるために海で遊ぶので、感動できる海がおすすめです。


〈3．南のあたたかい海〉

水温が冷たかったり寒かったりすると、身体が緊張してリラックスできません。徳之島や沖縄など、リラックスして遊べる南のあたたかい海がおすすめです。

★乙姫プロジェクト

普段、海に縁のない生活をしている人にとって、3つの条件を満たした上で、海で遊ぶのはなかなかハードルが高いですよね。

そんな人たちのために開発したプログラムが「乙姫プロジェクト」です。本書を読んで自分では難しいと感じた場合は、こちらに参加してもらうのもいいかもしれません。

乙姫プロジェクトは2015年に美夏と一緒に徳之島に行ったのをきっかけに生まれた企画です。第2章でお伝えした美夏の変化を目の当たりにしたときに、2003年にはじめて与那国島の海で私自身が体験した感動を思い出したのです。

さらに心理カウンセラーとして多くのクライアントさんの相談に乗ってきた経験と心理学の知識、そして祈り人としての知識と経験、フェルデンクライス・プラクティショナーとしての技術、山ほどのアウトドア遊びの経験、それらが一つの道を指し示してくれました。

それが「乙姫プロジェクト」という3泊4日の海遊びプログラムです。

実際の海でのプログラムは徳之島のマリンサービス海夢居の鈴木さんが開発してくれました。**はじめて海遊びをする人が、海の面白さと、自然の懐の深さを感じて、無邪気に遊び倒して日常生活に戻り、あるとき、生きづらさが減っていることにふと気づく、というプログラム**です。

知らないうちに「存在するな」の大魔女と和解するので、日常生活に戻ったあとは参加者それぞれのテーマに応じて、いろいろな変化が起きるようです。ヒーローズジャーニーが加速して、人生のミッションに沿った道が開けていくからかもしれません。

海以外の時間帯は早朝からフェルデンクライスや気功などで身体を整えたり、おいしいものを食べに行ったり、状況に応じて臨機応変にスケジュールを組んでいます。

第7章

「夢見る力」で人生はアップデートできる！

常識が通用しない時代だからこそ、自分自身の人生を生きよう

本書もいよいよ最後です。

私たちは生まれたときから魔女の呪いに支配されてきたこと、自分らしく生きるには魔女の呪いを解除する必要があること、自分で解除する具体的な方法を学びました。

最後は未来につながる「いま」という時代をどう生きるかについて、お伝えしていきます。

★時代の転換期を生き抜く

昨今は世の中の変化のスピードが速くなっていて、これまで常識だと思われていたことが一瞬で変わるようなことが起きています。

先日、友人と話していたときに、最近のベンツはレーンキープ・アシストという機能がついていて、高速道路の走行ではハンドルを軽く握ってさえいれば、自分でハンドル操作をしなくても車線からはみ出さないように走ってくれるという話を聞いてびっくり

しました。私の中で、自動車を運転するときは自分でハンドル操作をするものだという常識がひっくり返った瞬間です。

バイオテクノロジーの飛躍的な進化や、2020年に商品化されると言われている第五世代移動通信システム、さらにブロックチェーンといった世界的な変化の潮流は社会構造の変化をもたらします。

さらに少子高齢化による経済活動の縮小によって、私たちは否応なしにキャリアプランやライフスタイルの見直しを迫られるでしょう。

この変化のスピードが激しい時代を生き抜くにはどうしたらいいのでしょう？

★好奇心が時代を生き抜く羅針盤になる！

それは自分の中に羅針盤を持つことです。

外からの情報に右往左往するのではなく、情報を受け取りつつも、その情報は自分にとって有益かどうか判断する基準が羅針盤です。

では、何が羅針盤の役割をしてくれるのでしょう？

それは「好奇心」です。

「面白そうだなあ」「やってみたいなあ」と思うものや、問題解決をするにあたって「さて、どうやってやろうかな?」と、創造性を働かせて自分のやり方でやってみようと思う気持ち、これらの根っこにあるのが好奇心です。

もちろん、好奇心がわかりやすい形をとってくれない場合もあります。好奇心という言葉がピンとこなければ、心惹かれること、創造力が刺激されることと言い換えてもいいでしょう。

「存在するな」をはじめとした魔女の呪いが解けていない場合は、好奇心よりも不安や恐怖のほうが強いかもしれないし、葛藤があるかもしれません。

でも、きっと好奇心はゼロではないはずです。不安や恐怖の陰に、小さな好奇心が隠れているかもしれません。その**好奇心こそ、あなたに道を示してくれます。**

なぜなら好奇心は生きるエネルギーそのものだからです。

★羅針盤と間違えやすい3つのものに注意しよう

羅針盤と間違えやすいものは、3つあります。

それは「生き方や信条」「愛」「目先の楽しさ」です。

① 生き方や信条

「えっ？　生き方や信条こそ、人生の指針じゃないの？」

と、思うかもしれませんね。

実は、生き方や信条には、魔女の呪いが隠れている可能性があります。

あなたが大切にしている信条は何でしょう？

それはあなたを守ってきてくれたと同時に、あなたの自由や可能性を奪っているかもしれません。もっとはっきり言うと、その生き方や信条こそが魔女の呪いそのものかもしれません。


こんな時代だからこそ、これからもその信条や生き方を貫き通すことをあなた自身が本当に望んでいるのか、それはセルフの意志なのか、もう一度点検してみるといいでしょう。

② 愛

私たちが勘違いしやすくて、取り扱いの難しいのが「愛」です。

愛には、親子、夫婦、恋愛感情、友愛、隣人愛など、さまざまな形が存在します。**魔女の呪いに閉じ込められているときは、私たちはしばしば愛を言い訳にして、本当の自分の気持ちを殺します**。

では、その愛は本物ですか？

それとも、執着、あるいはやらないことに対する言い訳ですか？

もしも本物の愛なら、それは最高の羅針盤になります。

③「わくわく」などの表面的な「楽しい」という感情

好奇心が羅針盤と言っておきながら、「わくわく」や「楽しい」に気をつけろと言うのはわけがわからないですよね。

でも、あなたが感じている「楽しさ」や「わくわく」は、本当にあなたの望んでいることですか？

それとも目の前の現実をごまかすための〝麻薬〟ですか？

魔女の呪いが解除されていない状態の私たちの心はややこしくて、心の奥底で感じている本当の気持ちを覆い隠すために、目先の楽しみにのめり込むことがよくあります。

ごまかしのためではない、本当の好奇心は取り組む前は怖かったり不安だったりしますが、実際に取り組むと、結果に関係なく満足感や安定感を感じられます。

自分をごまかすための目先の楽しみの場合は、心のどこかで空虚感や徒労感を感じることが多々あります。

では「好奇心」と現実逃避から来る「わくわく」の違い、本物の愛と執着の違い、魔女の呪いから来る信条とセルフの意志の違い、これらの違いを見分けるにはどうしたらいいのでしょう？

その答えはセルフの視点を育てることです。

「自分」というチームのリーダーになる

★好奇心を原動力として行動しながら、セルフの視点を育てる

何度もお伝えしていますが、私たちは「セルフ」とたくさんの「サブパーソナリティ」で構成されたチームです。

生きるエネルギーからやってくる好奇心も、現実逃避から来る「わくわく」も、どち

らもサブパーソナリティです。

セルフが育っていないうちは、両者の区別がつきにくいことがよくあります。その場合はとにかく行動してみたらいいと思います。失敗を恐れる必要はありません。行動した時点で、「あれ？ ちょっと違うかもしれない」と感じたら、そのとき立ち止まって、また考えればいいのです。

行動しながら、自分がどう感じているのか、セルフの視点で自分の気持ちを感じて、気づく練習をしていきましょう。

特に効果的な自宅レッスンは「体軸を整える」と「丹田を作る3呼吸」です。

行動しつつ、自分の気持ちに気づく習慣を作りつつ、地道に自宅レッスンも続けてください。もちろん、海に入って「存在するな」を解除すると、セルフの視点がさらに育ちやすくなります。

★セルフは魂の指し示す道を知っている

何が好きで、何が得意でどんな能力を持っているのか、体格や体力、生まれた土地や環境、どんな経験をしてきたのか、どんな悩みがあって、何に憧れているのか、「あなた」という人間はこれらの構成要素が寄り集まって成り立っています。

そして、これらの「あなた」を形づくる構成要素、つまりサブパーソナリティたちをまとめ、統合するのがセルフの役割です。

さらに、セルフはあなたの無意識の奥深いところに存在する魂、あるいはあなたの本質ともいうべき源とつながり、その意志を感じ取って、その意志を体現して生きようとします。

このとき抵抗勢力として浮上するサブパーソナリティが、大魔女や白魔女たちです。「存在するな」を解除し、さらに諸々の魔女の呪いを解除して、大魔女も白魔女もともに力を合わせて「チーム自分」の能力を最大限に発揮して生きる過程でセルフが育ち、「チーム自分」のリーダーとして力を発揮できるようになります。

★生きる意味が必要なくなった私

私は10代の頃からずっと「人間は何のために生きるのだろう」と思っていました。生きる意味にすがらなければ、当時の私にとって人生はあまりにも苦しかったからです。「存在するな」が強烈に入っていたときは、存在理由が必要だったのです。

ところが魔女の呪いを一つひとつ解除していくうちに、生きる意味は必要がなくなっていきました。

魔女の呪いが解除されると、生きることは自明の理だとわかるからです。

この世界に私たちが生まれてきたのは、この世界が私たちを必要としているからです。

生まれてきたのだから命の限り生きる。

自然環境が厳しかろうが、天変地異が起きようが、重い病にかかろうが、いまこの瞬間生きているなら、それは「生きろ」という祝福であり、メッセージです。

もしもあなたが何かに悩んでいたり、魔女の呪いにがんじがらめにされた眠り姫の状態ならば、気軽に魔女の呪いを解除して、古いシステムを今の自分に見合った新しいものにアップデートすればいいのです。

私たちの悩みも、葛藤も、好奇心も、わくわくも、全部意味があって意味がないのです。大事なことはどんな自分であろうと、意味や理由を越えたところで私たちは祝福され、この世界に必要とされているということです。

最後のピースはあなたがはめる

★人類の祖先とは？

およそ７００万年前、人類の祖先は深い森の中で半樹上生活を送っていました。恐ろしい太陽の日差しを遮ってくれる豊かな緑の陰で、幼子を抱きながら日がな一日森に守られて過ごす。そんな楽園を捨てて、最初の一匹が草原に降り立ちました。

その瞬間、人類はまったく別の進化の道を選択したのです。

私たちの祖先は二足歩行を獲得したことで、肉食獣の脅威から身を守ってくれた強靭な腕力や歯牙を失いながらも、徐々に腕力にとって代わる知能を発達させていきました。

そして約20万年前、アフリカで私たちの直接の祖先であるクロマニヨン人が誕生しました。彼らの脳の形状は、現在の私たちのそれとまったく同じなのです。それはそのまま脳の機能が私たちと同じであることを意味します。

彼らは旧人類と違って、頭の中に設計図を描くことができました。道具の目的と使い方をイメージしてパーツを組み立てて、狩りに使う道具を作っていたのです。これは現代の私たちが工業製品を作り出す過程とまったく同じです。

これが第二の進化です。

やがて、彼らは世界中に散っていきます。あるグループは山岳地帯を越えて北に向かい、あるグループは西へ、またあるグループはインドシナ半島からスンダランドへ移動していきました。

★私たちは夢見る力を持っている

地球の生きものの進化を考えると、面白いことが見えてきます。

私は、生きものには夢見る力があるのではないかと思うことがあります。

古代、海に住んでいた生きものたちの一部は、長い年月をかけて身体を進化させて陸上で生きることを選びました。その長い進化の末に私たちの祖先であるクロマニヨン人が誕生し、その最先端に現代に生きる私たちがいます。

私たちの遠い祖先は、なぜ生命のゆりかごである海を捨てて陸上を選んだのでしょう？

生き延びるために陸上への移動を選んだと考えることもできますが、それだけでは説明がつきません。陸上を選んだ種と選ばなかった種は何が違ったのでしょう。いくつかの偶然が重なったのかもしれません。

では、その偶然をもたらしたのは何でしょう？

それは「夢見る力」です。

あるとき、彼らの誰かが夢を見たのかもしれません。

海の中から見えるあのキラキラとした陽の光に触れてみたい。

その強い憧れが進化のスイッチを入れたとしたら？

あるいは直接の祖先であるクロマニヨン人たちは、家族にお腹いっぱい食べさせたいと強く願ったのかもしれません。その願いは好奇心と結びつき、誰かが道具を思いつき、試行錯誤しながら狩りに使う道具を作ろうとしたのかもしれません。

そして、最初の道具が生まれました。はじめてそれを使って獲物を倒したときの感動と喜びはどれほど大きかったでしょう。それを見て、次から次へとモノづくりへの情熱が伝播していったのかもしれません。

★「存在するな」の本当の意味

人を動かす原動力――それは、尽きることのない希望であり、願いであり、好奇心です。

「夢見る力」と言い換えてもいいでしょう。

私たちの祖先は夢見る力を武器に、過酷な環境を生き延びてきました。


「存在するな」という魔女の呪いには、実は祖先たちの「古い記憶」とともに「生きろ」

という強い願いが込められているのです。

原始時代、過酷な自然環境の中では何よりも生き延びることが優先されます。幼い子どもが命を落とす原因は、天候などの自然の脅威と天敵に食べられること、さらに病気や事故です。

これらの危険から子どもを守るために、私たちの祖先はこの世界は危険に満ちていることを徹底的に教えたに違いありません。それでも幼い子どもが大人になれる確率はとても少なかったのです。

以前、青森県にある三内丸山遺跡を観に行ったことがあります。三内丸山遺跡は縄文時代前期中頃から中期の大規模集落の跡で、当時の竪穴式住居が復元されています。興味深かったのは、当時は幼い子どもたちが亡くなると大人たちの墓ではなく、普段使っている土器に入れて家のすぐ傍に埋めたのだそうです。

それを見たとき、親が子どもの成長を願う気持ちはいまも昔も変わらないのだなと思いました。

天敵に襲われないように、川に落ちないように、病気にならないように、この世のすべての危険から身を守れるように、そんな願いが「存在するな」には込められていたのです。

「存在するな」は私たちが生きるのを無条件に否定する魔女の呪いです。

けれど、それは「△□だったら、存在してもいい」という白魔女の呪いとセットになって、はじめて有効に機能するように作られていました。

この「△□」という条件は時代と環境に合わせて大きく変わります。

原始時代は「生き残る」という目的に対して「△□」という条件が有効に働いていたのでしょう。平均寿命が延びて、原始時代ほどの危険がなくなった現在では「存在するな」が過剰な「恐怖」を生み出してしまうこともあります。

海で「存在するな」を解除する本当の意味は、「過剰な恐怖」を本来の「適正な恐怖」に戻し、遠い祖先から受け継がれてきた「生きろ！」というメッセージを身体で受け取ることです。

★呪いを解除し、新しい自分にアップデートせよ

30年間、大胸筋を固めていた私のように、本当の快適さや生きる面白さを知らなければ、「人生とはそういうものだ」と思い込んでいるので、自らの置かれた状況を改善しよ

うなどとは夢にも思いません。

もしも、あなたが生きづらさを抱えているなら、なんという幸運！

なぜなら、それは「存在するな」を適正な状態に戻し、不要な魔女の呪いを解除して、古いシステムをいまの自分に見合った新しいバージョンにアップデートすればいいだけだからです。

そして、それは進化です。

私たちの遠い祖先が海の中にいた頃から受け継がれてきた古いシステムを、自分の意志で新しいバージョンにアップデートするのは、まさに第三の進化です。

時代が大きく変わろうとしているいま、思い出してほしいのです。

私たちの祖先は天変地異や大飢饉といった地球の環境の変化に翻弄されながらも、好奇心を羅針盤に力強く生き延びてきました。

私たちの身体には彼らの血が流れています。

そして、誰一人例外なく、私たちは彼らの夢見る力を受け継いでいます。

夢見る力こそが進化の鍵。

恐怖や不安を感じるとき、遠い祖先からの「生きろ！」というメッセージを感じませんか?
それは私たちへの限りないエールです。
アップデートせよ!
最初の一歩を踏み出したら、見える景色が変わります。
それを決めるのは、あなたです。

おわりに

夜明け前の砂漠の空気は冷たい。

２０１７年11月、私は中東のイスラエルにあるネゲヴ砂漠に来ていました。

私が泊まったのは砂漠地帯に点在するコテージのひとつで、部屋にはシャワーはもちろんトイレもないので、夜中でも１００メートル離れたバイオトイレまで砂漠の一本道を歩いて行かなければならない簡素な宿でした。

私は、宿から30分ほど歩いた小高い丘の上で日の出を待ちました。夜明け前の吹きさらしの岩石砂漠の上を容赦なく風が吹き抜けていきます。やがて、東の空が赤く染まり、最初の一筋の光が届きました。

砂漠の日の出です。

ずっとこれが見たかった……。

中学生のときに砂漠で井戸を掘りたいと思ったのが夢の始まりでした。

10代の頃、青年海外協力隊に参加するという夢をあきらめなければならなかったときに、友人にこう言われました。

「青年海外協力隊に参加することだけが人の役に立つことではないと思う。例えば自分の作った詩が誰かの心に届いて、その人を救うかもしれないじゃない？　あなたにもできることが絶対にあるよ」

そのときは友人の言葉を受け入れることができなくて、そのまま何十年も忘れていました。

私が本当に望んでいたのは、自分の持てる力のすべてを使って全力で生きること、世の中に貢献することでした。中学生のときはその手段が青年海外協力隊に参加することだと思っていたのです。

高校卒業後は医学技術の分野に進み、３年間のトレーニングを経て医療現場で働いていましたが、やがて結婚して子どもが生まれ、退職を余儀なくされました。

けれど、砂漠でシャベルを持った若者の写真はいつも心の中にありました。試行錯誤しながら自力で魔女の呪いをひとつずつ解除してゆくうちに、気がつくと目の前に一本の道が拓けていました。

いま、「あなたの夢は叶いましたか？」と訊かれれば、答えは「YES」です。
「砂漠で井戸を掘りたい」という憧れから始まった私のヒーローズジャーニーは、心という井戸から生命力と叡智の象徴である水をくみ上げる方法という宝物を手に入れました。

ずっと憧れていた砂漠の真ん中で大地の彼方から昇る太陽を見たときに、自分の辿ってきた道はこれで良かったのだと素直に思えました。

魂の声は「成長せよ！　創造せよ！　進化せよ！　そのプロセスを通して、持てる限りの生命力をこの世界に注ぎ込め！」と私たちに語りかけます。

私はずっとそう生きたかったのです。

そしていま、魂の声にしたがって生きられる幸せを感じています。

どんなに魔女の呪いがきつくても、夢見る力が導いてくれます。夢見る力とは、尽きることのない希望であり、願いであり、好奇心です。

もしも不安や恐怖に駆られたら、あなたの中の夢見る力を思い出してください。

本書がお役に立てば幸いです。最後まで読んでくださって、ありがとうございました。

最後に、心理学の師である伊藤雄二郎先生、人間の可能性を教えてくれたエラット・アルマゴール博士、盛鶴延老師、海の面白さを教えてくれた島田誠一さん、乙姫プロジェクトに全面協力してくださったマリンサービス海夢居の鈴木竜爾さん、ありがとうございました。皆さまとの出会いがあったからこそ、このメソッドを世に出すことができました。

生きる意味を教えてくれた両親、いつも支えてくれたパートナー、希望そのものである娘と息子、そしてたくさんの友人たち。彼らがいたからこそ、いまの私があります。

そして、この本を担当してくださった編集者の廣田祥吾さん、みらいパブリッシングの松崎社長をはじめ尽力してくださった皆さま、本を書くきっかけをくださった樺沢紫苑先生、関わってくださったすべての方に心より感謝申し上げます。

白鳥澄江

この本を手にしてくれたあなたのために！

「７日間レッスンの効果が飛躍的に上がる５つの音声ファイル」

を無料プレゼント！


最後まで読んでくださり、ありがとうございました。

本書の内容に加えて、私のメルマガでは、本書内では書ききれなかった「魔女の呪いを解除するためのヒント」や「７日間レッスンのコツ」を定期的に発信しています。

また今回、登録してくださった方には「７日間レッスンの効果が飛躍的に上がる５つの音声ファイル（７日間レッスンの５日目までの自宅レッスンの音声ファイル）」を無料でプレゼントいたします。

ＱＲコードを読み取って、お名前（ニックネームでもＯＫ）とメールアドレスをご入力ください。後日、無料メルマガ登録者限定の音声ファイルのＵＲＬ５つがあなたのもとに届きます。

本と音声ファイルで、レッスンの効果を最大化しましょう！

https://my55p.com/p/r/f4xZgu4e

白鳥澄江（しらとり・すみえ）

心理カウンセラー・乙姫プロジェクト主宰

文京女学院医学技術専門学校卒業。

1962年、北海道生まれ。9歳で重い腎臓病にかかり闘病生活を送る。中学生のときに砂漠で井戸を掘る青年海外協力隊に憧れるが病気のため断念。将来に希望を持てず、つらい10代を過ごす。

19歳で自らの祈りがきっかけで病気が治る。その後、自分の中に強烈な「魔女の呪い」があることに気づき、自分自身と向き合うために日常の中で祈りと瞑想を実践。

子育てのかたわら心理学を学び、42歳で心理カウンセリングルームを開設。15年間で1万人以上の方の心理カウンセリングを行う中で、人生を好転させる鍵は海にあることに気づく。

現在「乙姫プロジェクト」「勝負に勝つ！　不動心の作り方」「ヒーローズジャーニー」「瞑想とフェルデンクライス・レッスン」など、心と身体と場の力という三方向からアプローチするユニークな取り組みを実践中。

なぜ眠《ねむ》り姫《ひめ》は海《うみ》で目《め》覚《ざ》めるのか？

超《スーパー》ネガティブ思考《マインド》を解除《かいじょ》する3つのメソッド

2020年2月16日　初版第1刷

著　者　白鳥澄江《しらとりすみえ》
発行人　松崎義行
発　行　みらいパブリッシング
〒166-0003 東京都杉並区高円寺南4-26-12 福丸ビル6F
TEL 03-5913-8611　FAX 03-5913-8011
企画協力　Jディスカヴァー
編集　廣田祥吾
ブックデザイン　堀川さゆり
発　売　星雲社（共同出版社・流通責任出版社）
〒112-0005 東京都文京区水道1-3-30
TEL 03-3868-3275　FAX 03-3868-6588
印刷・製本　株式会社上野印刷所

ISBN978-4-434-26981-3 C0030